Tagebücher, Journale und Befehle (II)

Journale und Rapporte

01.01. – 09.03.1813

Beiträge zur sächsischen Militärgeschichte zwischen 1793 und 1815

Heft 60

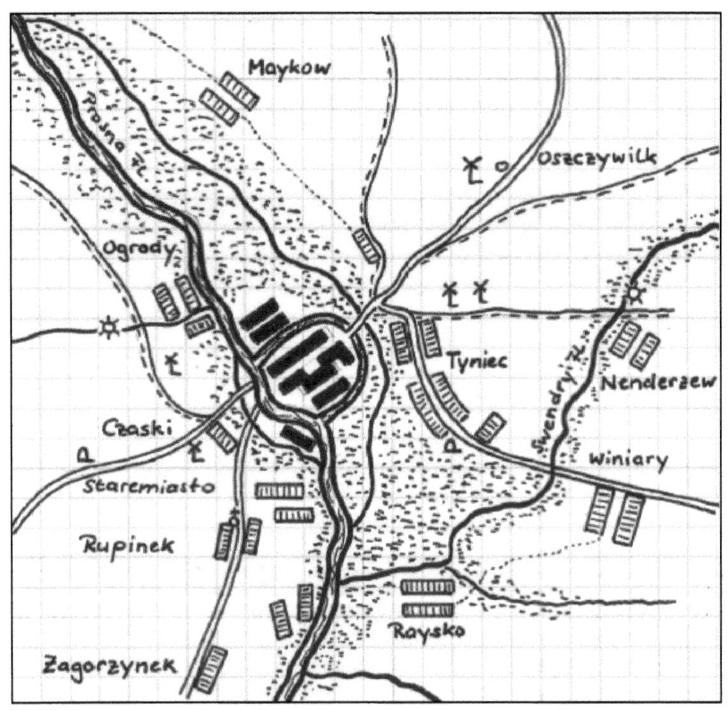

Abb. 01 – Kalisch und nahe Umgebung

Tagebücher, Journale und Befehle (II)

Journale und Rapporte

01.01.1813 – 09.03.1813

Bibliographische Information der Deutschen Bibliothek

Die Deutsche Bibliothek verzeichnet diese Publikation in der Deutschen Nationalbibliographie; detaillierte bibliographische Daten sind im Internet über http://dnb.ddb.de abrufbar.

Die Deutsche Bibliothek – CIP – Einheitsaufnahme

Jörg Titze (Hrsg.)

Tagebücher; Journale und Befehle (II)
Journale und Rapporte 01.01.1813 – 09.03.1813

ISBN 978-3-7528-9853-8

Herstellung und Verlag:

Books on Demand GmbH, Norderstedt

Vorwort

In diesem Heft werden verschiedene im HStA liegende Handschriften aus der Endphase des russischen Feldzugs 1812/13 wiedergegeben.

Es sind dies im einzelnen:

- Journal sächsisches Korps 01.01. - 09.03.1813[1]

- Rapport Capitaine Rouvroy vom 09.01.1813[2]

- Rapport Generalmajor v.Gablenz vom 26.02.1813 mit Journal der Avantgarde vom 11. - 26.02.1813

- Rapport Generalmajor v.Nostitz vom 15.02.1813

- Rapport Oberst v.Hann vom 16.02.1813

Die Verfasser des Journals für den Zeitraum 01.01. – 09.03.1813 sind unbekannt. Die Kenntnis hinsichtlich der Truppenbewegungen, der Informationen aus dem französischen und dem österreichischen Hauptquartier sowie letztendlich die ausführliche Beschreibung des Gefechtes bei Kalisch lassen nur den Schluss zu, dass dieses Journal beim sächsischen Korpsstab des VII. Armee-Korps geführt wurde. Für die Führung des Journals kämen – unter der Annahme, dass die Stäbler der 1ten Division auch zu Korpsaufgaben hergezogen wurden – die Adjoints im Generalstab Major Aster und Major v.Cerrini sowie die Adjutanten des kommandieren Generalleutnants Premierleutnant v. Einsiedel und Sousleutnant v.Lützerode in Frage. Das Journal

---

[1] HStA Dresden Bestand 11 339 Akte 278

[2] alle Rapporte HStA Dresden Bestand 11343 Akte 239

enthält zwei unterschiedliche Handschriften[3], die sich auch in Details in der Ausdrucksweise und den verwendeten Begriffen[4] unterscheiden.

Der Capitaine Rouvroy war vom General von Lecoq beauftragt, Erkundigungen über den Verbleib und den Zustand der bei der großen Armee befindlichen sächsischen Truppen in Erfahrung zu bringen.

Die Rapporte der Herren Generale v.Gablenz (Avantgarde) und Nostitz (2.Brigade der 1.Division) sowie des Herrn Obersten v.Hann (Rgt. Polenz) behandeln das Gefecht bei Kalisch (13.02.1813) und dessen Folgen.

Der Text selbst ist so originalgetreu wie möglich, der heutigen Rechtschreibung angepasst, wiedergegeben.

Bedanken möchte ich mich beim Team des Hauptstaatsarchives in Dresden für die wie immer problemlose Bereitstellung der Akten.

Natürlich möchte ich mich auch bei Ihnen, verehrter Leser, dafür bedanken, dass Sie sich zum Kauf dieses Buches entschlossen haben. Insofern Sie Anregungen und Kritiken haben, über den Inhalt diskutieren oder mir einfach nur mitteilen wollen, ob Ihnen das Buch gefallen hat, so können Sie mich via email unter sachsen-titze@t-online.de erreichen.

Ihr   Jörg Titze

---

[3] Persönlich tippe ich auf die beiden Adjutanten.

[4] Beispiel: Der Begriff für die Nachhut Avantgarde vs. Arrieregarde.

Journal sächsisches Korps 01.01. - 09.03.1813

Den 1sten Januar gingen in der Erwartung, dass der Major Rzodkiewicz die vorgehabte Bewegung nach Miedrezise wirklich ausführe, die Brigade Nostitz von Sucha in die weiter rückwärts gelegenen Dörfer bei Kaluszyn, um der 2ten Division Platz zu machen, die

den 2ten Januar ihre Quartiere bei Sucha und Nieswiska bezog. Der Oberst von Hann ging an diesem Tage ebenfalls bis Mokoboda, der Oberst-Leutnant Lindenau bis Siedlec, zurück. Die französische Division nahm ihre Kantonnement bei Dobre und ihre Vorposten bis Wegrow zurück.

Die Russen hatten Patrouillen von Sarnaki her bis Loscice gesendet, auch war das jenseitige Bugufer mit ihren Truppen besetzt! Das Hauptquartier ging nach Okuniew, auch war man Willens, die Kavallerie nach und nach bei Warschau zu restaurieren, wozu schon heute die Ulanen abgingen. Auch der polnische Major hatte sich durch die von der Stärke des Feindes eingegangenen Nachrichten veranlasst gefunden, sich auf Miedercieze zu replieren.

Den 3ten Januar bewegte sich die erste Division gegen Wieczowna und Minsk, die zweite Division in die Dörfer hinter Sucha, die Kavallerie mit den Vorposten blieben in ihren gestrigen Kantonierungen. Die vor Siedlec platzierten Vorposten des Oberst-Leutnants von Lindenau waren bis vor 1 Stunde von der Stadt, von den aus Loszize abgegangenen Kosaken-Patrouillen zurück gewiesen worden, General Reynier traf aus Warschau wieder ein.

Den 4ten Januar war auch der Major Rzodkiewicz bis Siedlec zurück gegangen. Der Oberst-Leutnant Lindenau hatte diesen Ort verlassen und nur ein Detachement in Siedlec gelassen. Der Feind näherte sich Siedlec immer mehr, ob man gleich noch sehr wenig von dessen eigentlicher Stärke anzugeben wusste und deshalb starke Rekognoszierungen gegen Mordy zu vornehmen lassen wollte.

Der Premier-Leutnant von Zacha, der des Auswechslungsgeschäftes wegen, wieder zu den russischen Vorposten geschickt worden war, hatte ein Kosaken-Regiment in Mordy, ein gemischtes Kommando von Infanterie, Kavallerie und etwas Artillerie von ohngefähr 3.000 Mann in Coscyce getroffen, und vermutete das Hauptquartier in Siemiaticze oder Turna.

Unsre eigentliche Vorpostenlinie erstreckte sich jetzt längs der Liwiez; bei Brock stand der österreichische General Moor. Das Hauptquartier dieses Korps war bei Pultusk.

Den 5ten Januar behielt alles seine gestrigen Stellungen. Von dem Major Rzodkiewiecz war ein Überfall des Kosakenregiments in Mordy veranstaltet und durch einen polnischen Kapitän, wobei sich der Leutnant von Ende mit einem Kavallerie- und der Leutnant von Klinkowstroem mit einem Infanterie-Kommando befanden, ausgeführt worden. Man hatte gegen 20 Kosaken gefangen, dabei aber einige Mann verloren.

Von der großen Armee erfuhr man, dass das Hauptquartier noch in Königsberg sei, ein großer Teil der in den Festungen gelegenen Truppen zur Unterstützung dahin vorrücke und das Sammeln der Versprengten hinter der Weichsel seinen guten Fortgang habe.

Der Feind hatte mit Verfolgen nachgelassen.

Aus dem österreichischen Hauptquartier, welches den 5^n Januar noch in Pultusk war, erfuhr man, dass der Oberst Scheiter, während das Hauptquartier noch in Bialystok gewesen, nach Kriniki und Horaz marschiert war, dass der General Fröhlich den 31^n Dezbr. auf Ostrolenka gegangen und eines seiner Detachements in Cioworow von russischen – eben dahin gewiesenen – Truppen delogiert worden wären, wenn diese nicht durch das determinierte Betragen des dort kommandierenden Offiziers, jedoch ohne Gewalttätigkeit, zurück gewiesen worden wären. Die beiderseitigen Vorposten verhielten sich bei Lomza sehr ruhig und 8 österreichische gefangene Dragoner wurden zurück geschickt. General Zechmeister stand in Zambrow, General Mohr in Brock. Man vermutete eine Zusammenkunft des Fürsten von Schwarzenberg mit einem russischen General Amstetten zu Ostrow, wo der General Flacher postiert war.

Den 6ten Januar erhielt die Avantgarde, in Rücksicht der Repressalien, die der gestrige Überfall erwarten ließ, eine etwas veränderte Delogierung und Formierung, auch ging der Leutnant Zacha wieder als Parlamentär zur Entschuldigung jenes Vorfalls ab, der sich während seiner Anwesenheit bei der russischen Avantgarde ereignet hatte.

Den eingegangenen Meldungen vom heutigen Tage zu Folge, hatte der Feind Modry geräumt und sich über Sokolow gegen Sterzyn und den Bug gewendet, nachdem er in Sokolow einige Polen gefangen, dabei aber gegen Wengrow demonstriert hatte. Nachmittags 4 Uhr hatte der Feind Sokolow wieder verlassen und sich anfangs gegen Wengrow gewendet, nach denen über die dortige Besatzung eingezogenen Nachrichten aber seinen Marsch weiter rechts gegen Nur und den Bug fortgesetzt. Die Stärke dieser Avantgarde ward zu 3.000 Mann mit 8 Piecen angegeben, sie übernachtete in Sterdyn.

Den 7ten Januar früh 2 Uhr war sie auch hier wieder aufgebrochen und hatte bei Kielbin den Bug passiert. Unverbürgte Nachrichten sprachen davon, dass mehrere Truppen, die nicht zu dem Sacken'schen Korps gehörten, sich ebenfalls gegen Nur dirigierten; als Hauptquartier des General Sacken wurde Ostrozany oder Tschieganowicz angegeben. Der rückkehrende Leutnant v.Zacha hatte in Nur die Avantgarde des Sacken'schen Korps getroffen, aber nichts von anderen Truppen in Erfahrung gebracht.

Den 8ten Januar übernahm der General von Gablenz das Kommando der Avantgarde wieder. Die Patrouillen der Vorposten hatten Sokolow wieder besetzt gefunden und rapportierten, dass dieselbe feindlichen Kolonne, welche diesen Ort am 6n verlassen, wieder auf dem Rückmarsch sei. Einige zur Bestätigung dieser Nachrichten ausgesendete Dragoner des Regiments Polenz gerieten bei dieser Gelegenheit in feindliche Gefangenschaft.

Den 9ten Januar hielt der Feind diesen Ort und dessen Umgebungen fernerhin besetzt.

Der Oberst von Scheiter traf an diesem Tage in Makow ein. General Fröhlich wurde russischer Seits aufgefor-dert, Nowigrod zu verlassen, was aber nicht geschah. Das österreichische Hauptquartier war fortdauernd in Pultusk, das Reynier'sche in Warschau und Okuniew.

Den 10ten Januar wurden sämtliche Avantgarden, mit Ausnahme der Polen in Siedce, an die Befehle des General von Gablenz gewiesen, der sich nach Wengrow verlegte und überhaupt einen großen Teil der früherhin das Detachement des Obersten Hann formierenden Truppen mehr in diese Gegend gezogen, indem alle eingegangenen Nachrichten zu Folge, die größere Macht des Feindes sich über Nur und Tschichanowice gegen Ostrolenka zu dirigierte und nur eine unbedeutende Abteilung Kosaken und Jäger in Brcescz und längs des Bugs verteilt zurückgeblieben schien.

Man sprach von der Annäherung russischer Truppen gegen Zamosk und einer Privatkonvention der unter dem preußischen General York gestandenen Truppen mit dem Feinde.

Denselben Abend griff der Feind die Vorposten des General Gablenz jenseits Wengrow an und drängte sie etwas zurück; er erneuerte aber

den 11ten Januar mit Tagesanbruch seinen Angriff mit einer Überzahl von Kavallerie, welche größtenteils aus Kosaken bestand. Er wurde zwar von etwas Infanterie unterstützt, welche aber nicht zum Gefecht kam. Der General Gablenz sah sich genötigt, nach Liw zurück zu ziehen, indem feindliche Kavalleriekolonnen in seiner linken Flanke über das Eis gingen und in die Equipagen eindrangen. Bei dieser Gelegenheit gerieten einige Mann, des üblen Terrains wegen, in feindliche Gefangenschaft. Die sächsischen Husaren waren zu schwach, um eine über 2.000 Pferde starke Kavallerie aufhalten zu können; allein das 2te leichte Infanterie-Regiment, unter Anführung des Oberstleutnants Seydewitz, zeichnete sich auch hier wieder auf das vorteilhafteste aus. Es hielt die überlegene feindliche Kavallerie ab, feuerte auf dieselbe mit dem 3ten Gliede, welches umkehrt gemacht hatte und drang, als sich die Husaren zu sehr umringt befanden, mit gefälltem Bajonett auf die feindliche Kavallerie ein. Als diese braven Truppen ganz nahe heran waren, so erhielten die Kosaken ein so wirksames kleines Gewehrfeuer, dass mehrere derselben heruntergeschossen wurden und fast kein Schuss vergebens fiel. Es ist diesen Braven zu verdanken, dass dieser Angriff nicht mehr als 1 Toten, 3 Blessierte und einige Gefangene der sächsischen Avantgarde kostete.

Der General Gablenz, welcher immer fort bis nachmittags gedrängt wurde, machte zwischen Liw und Dolne bei Bniewnik Halt und zog sich erst den folgenden Morgen in aller Frühe bis Dobre zurück.

Dieser Vorfall gab Gelegenheit, dass sich die Divisionen näher zusammen zogen und zwar die 2te Division bis Zimnawoda, die Brigade Nostitz hinter Minsk und die Brigade Steindel in der Gegend von Wieczowna.

Zufolge der Nachrichten des Majors Rzodkowoz sollte ein russisches Korps, 12.000 Mann stark unter General Essen III, den Bug bei Terespol passiert sein.

Den 12ten Januar begab sich General Reynier nach Stanislawow und man erwartete einen erneuten Angriff; allein der Feind verhielt sich ruhig und hatte die von Liw herwärts liegenden Dörfer schwach besetzt. Die Avantgarde erhielt eine neue Stellung bei Dobre mit vorgeschobenen Posten bei Makowiez duzy und Makowiez maly. Der französische Major Caillasson zog sich nebst seinen vier Voltigeurkompanien und 100 Mann Kavallerie gegen Sulejow.

Den 13ten Januar die Divisionen blieben in ihrer konzentrierten Stellung von gestern und wurden dermaßen einquartiert, dass die Brigade Steindel in die Dörfer um Wieszowna und gegen die Weichsel, die Brigade Nostitz in und um Debewielky, die 2te Division aber /: von welcher der General Sahr, nach Abgang des Generals Funck, das Kommando übernommen hatte :/ in und um Stanislawow gelegt wurde. Der General Gablenz behielt seine vorherige Stellung. Der Oberst Hann mit dem Regiment v.Polenz und einigen Abteilungen leichter und Linien-Infanterie wurde bei Mlendzin aufgestellt. Die Division Durutte belegte die Dörfer von Stanislawow bis Okuniew und zwei französische Regimenter wurden in und um Praga einquartiert. Der Artilleriepark war von Jeziorna zurückgeschickt worden und sollte den 14n in Opozna eintreffen. Die Stellung der österreichischen Armee war im Ganzen die nämliche und nahm die Linie längs des Bugs von Sierock an über Kamienzyn bis Brock ein. Ein

Detachement stand in Radzimin und das Hauptquartier war in Pultusk.

Der Trompeter, welcher den Leutnant v.Zacha das erstemal ins russische Hauptquartier begleitete, kam diesen Abend über Drohyczyn zurück. Nach seinen Angaben sollten in den diesseits des Bugs gelegenen Dörfern, jedoch noch 6 – 8 Meilen von unsern Vorposten, über 60 Stück Geschütz – davon eine Abteilung 30, die andere 20 und die 3te aber ? Kanonen enthielt – gestanden haben.

Den 14ten Januar blieben die Truppen ruhig in den bezogenen gedrängten Kantonierungsquartieren stehen. Nach den Meldungen der Avantgarde sollten die vorwärts Liw gelegenen Dörfer so wie Werzbno mit Kosaken besetzt sein. Die feindlichen Patrouillen gingen bis Czerpenli. In Siedlec und Mokoboda sollte feindliche Kavallerie stehen.

Den 15ten Januar war Liw, Wegrow und Sokolow nach den Berichten des Generals Gablenz noch besetzt und die nach Wegrow eingerückten Kosaken hatten erzählt, dass diesen Abend ein starkes Korps einrücken würde, welches den 17n oder 18n gegen Stanislawow vordringen werde. Diese Nachricht schien jedoch nur absichtlich verbreitet worden zu sein. Der in Kaluszyn stehende polnische Major Rzodkiewiez war auf die Nachricht, dass der Feind Siedlec verlassen habe, von Kaluszyn gegen Siedlec aufgebrochen und wollte von da weitere Nachrichten einziehen, wo sich das Korps des General Essen III befände? – Der Feind verhielt sich auf allen Punkten ruhig und es schien sich zu bestätigen, dass das Hauptkorps des General Sacken eine Hauptbewegung nach seiner rechten Flanke mache, um die Linie gegen Thorn anzunehmen.

Den 16ten Januar früh vor Tagesanbruch ging der Rittmeister von Lindemann mit einem Brief an den russischen General Korff zu den feindlichen Vorposten, war aber bis spät in die Nacht noch nicht zurück. Auch konnte man sonst nichts von einiger Bewegung des Feindes erfahren. – Die Hospitäler häuften sich mit Kranken, größtenteils am Nervenfieber. Von der Division Durutte waren gegen 1.000 Mann Traineurs den Russen in die Hände gefallen. Die Lebensmittel wurden sparsamer. Der Artilleriepark war bis Sulejow dirigiert. Die Kälte war seit einigen Tagen wieder etwas strenger geworden, trockene Luft ohne Schnee. Das Bataillon Eichelberg löste das Bataillon Niesemeuschel bei der Avantgarde ab.

General Reynier hatte sein Hauptquartier in Warschau; Fürst Schwarzenberg in Pultusk. Durch den aus dem Hauptquartier der großen Armee zurückkehrenden Leutnant Vintimille erfuhr man, dass er dasselbe den .... in Stargard verlassen und das es die Richtung auf Posen angenommen habe. Dies bestätigt die Meinung, dass der Feind mehr seine Vorteile auf unsern linken Flügel benutzen und uns vor der Hand hier ruhig stehen lassen wird. Schriftliches brachte Vintimille nicht mit.

Den 17ten Januar blieb die Armee in den bisherigen Quartieren. Der Rittmeister Lindemann kehrte zur Avantgarde zurück und war bis zu dem russischen General Bulatow in Sterdyn gekommen. Den von ihm eingezogenen Nachrichten zu Folge, befand sich der russische General Hambert in Mokoboda, der General Liewen in Mordy, der General Lindsfort in Sokolow, der General Sacken aber in Cziechanowicze. Ein General Linders sollte sich mit einem Korps in und um Brzesc befinden. Ein Pulk Kosaken war gestern nach Siedlec marschiert. Zwischen Sterdyn und Sokolow lag ein Infanterie- und ein Kavallerie-Regiment in ausgedehnter Kantonierung.

Den 18ten Januar traf ein Rapport des Major Rzodkiewizsch ein, nach welchem er den 16n in Siedlec eingerückt war und eine seiner Patrouillen /: die er gegen Mendzierzyce, Sokolow, Wegrow und Losyce ausgeschickt :/ bei Krzeslin ein paar Gefangene gemacht hatten. Eine 2te Patrouille war bei Chodow auf Kosaken gestoßen. Wegrow und Sokolow sollten nur schwach besetzt sein, letzterer Ort mit 200 Mann Infanterie unterm General Bulatow. Die diesseitige Armee sollte zu der Division des General Lewin /: Liewen? :/ gehören, dessen Hauptquartier in Grodek sei.

Ein großer Teil des Essen'schen Korps war nach Zalesie marschiert, hatte sodann aber die Direktion verändert und war am 13n dieses bei Pratulin über den Bug gegangen. Es sollte sich mit einem andern, welches von Brzesc aus über Kleniky und Wisoky käme, vereinigen. Die Kanons wären in Brzesc geblieben.

In der Stellung der Truppen wurde keine Veränderung vorgenommen; allein der polnische Major Rostworowsky löste den Major Rzodkiewicz ab und hatte Befehl, mit seiner mobilen Kolonne wieder nach Kaluszyn zurück zu gehen.

Die nach Wiszkow und Mokoboda gesendete Rekognoszierung hatte beide Orte vom Feinde unbesetzt gefunden. Allein nach Mokoboda kommen oft feindliche Patrouillen und die dasigen Landleute müssen Lebensmittel nach Sokolow liefern.

Hinter Liw standen die feindlichen Vorposten. Die verschiedenen Hin und Hermärsche der feindlichen Kavallerie bestätigten sich und erregten fast die Meinung, dass sie absichtlich geschähen, um uns ihre Stärke zu verbergen.

Ein Kundschafter, welcher in Bulkow hinter Brzesc gewesen war, schätzte das Sacken'sche Korps nur 8.000 Mann und das Essen'sche Korps nicht einmal 23.000 Mann stark, wie es angegeben wurde.

Der Major Caillasson hatte die Nachricht erhalten, dass in dem Holze ohnweit Grochow 3.000 Mann Infanterie und 10 Kanonen stünden. Nur und Andrzejewo jenseits des Bugs waren vom Feinde besetzt. Die Österreicher hatte ihre alte Stellung inne und 3 Avantgarden, den General Mohr in Brock, General Fröhlich in Ostrolenka, General Zechmeister in Ostrow.

Den 19ten Januar alles blieb ruhig in der gestrigen Stellung. General Reynier besah sich nebst dem Fürsten Schwarzenberg die Festung Modlin. In Warschau hatte man die Nachricht, dass die Verbindung zwischen Danzig und Thorn durch feindliche Kavallerie unterbrochen und unsicher sei; dass russische Truppen in Marienwerder wären; der Marschall Davout nebst 3.000 Mann in Thorn; König Joachim und Fürst Neuchatel in Posen.

Der Major Rzodkiewicz meldete noch vor seiner Ablösung in Siedlec, dass der russische General Meleysin /: Melisey? :/ mit 3.000 Mann Kavallerie durch Biala gegangen sei und die gestrige Nacht in Kornica zugebracht habe. Er habe weder Infanterie noch Artillerie bei sich. Der General Prinz Wolkonsky befinde sich in Brzesc und werde eine Bewegung mit einer großen Abteilung von Artillerie gegen Pratulin machen.

Den 20ten Januar fiel keine Veränderung in der Stellung der Truppen vor. General Gablenz meldete, dass Wegrow vom Feinde unbesetzt sei und dass die dort stehenden 40 Kosaken sich nach Sokolow zurück gezogen hätten. Am ersteren Ort werde viel Fourage für die russische Kavallerie zusammengebracht.

Den 21ten Januar wurde durch Tagesbefehl bekannt gemacht, dass der König von Neapel wegen Unpässlichkeit das Kommando der Armee an den Vizekönig von Italien, in Abwesenheit des Kaisers, übertragen habe.

Weiter fiel nichts von Bedeutung vor. Nach den erhaltenen Nachrichten war der Kaiser Alexander in Grodno angekommen und man erwartete ihn in Bialystok.

Den 22ten Januar änderte sich nichts in der Stellung der Truppen.

Den 23ten Januar der Major Rostworowsky berichtete zwar, dass der Feind Siedlec besetzt habe und häufig Patrouillen gegen Kaluszyn sende, die sich schon auf seiner rechten Flanke gezeigt hätten; es erfolgte aber weiter kein Angriff und das Korps blieb ruhig.

General Sacken sollte in Cziechanowiez stehen und Bulatow in Sokolow.

Den 24ten Januar früh nach 1 Uhr wurden die Vorposten des Obersten von Hann bei Kamionka vom Feinde rekognosziert und zurück gedrängt; jedoch ging derselbe über Zimnawoda zurück. Er erneuerte seinen Angriff zum 2mal mit Tagesanbruch und zeigte eine Kolonne Kavallerie auf der Straße gegen Zimnawoda. Nachmittags um 1 Uhr wurde die Feldwacht der Polen bei Kaluszyn angegriffen und um 4 Uhr die an der Liesière des Holzes gegen Bniewnik stehende Feldwacht des General Gablenz bis Mokawies durch 300 Kosaken zurück gedrängt, wo sie sich mit dem Hauptposten vereinigte und folgende Nacht daselbst bleiben musste. Die Patrouillen des Major Caillasson waren auf dem Wege von Liw nach Strachowka von Kosaken zurück geworfen worden. Diese verschiedenen Vorfälle machten es notwendig, das die Avantgarde die folgende Nacht unter Gewehr blieb. Der Feind hatte sich zwar fast auf allen Punkten wieder etwas zurück gezogen, war aber Meister des Waldsaums gegen Bniewnik und hatte dieses und die dabei gelegenen Dörfer stark mit Kavallerie besetzt. In Wigledowek, gegen Klemionka zu, standen ebenfalls feindliche Vorposten. Man erfuhr, dass gestern Infanterie und Artillerie von Sokolow nach Wegrow gerückt sei, aber die starke Kette von Kavallerieabteilungen hinderte die Avantgarde nähere Erkundigungen vom Feind einzuziehen.

Zur Verstärkung des Major Rostworowsky ging ein Detachement von 85 Pferden mit 2 Kanonen nach Kaluszyn ab. Alle Truppen blieben zwar in ihren Quartieren, waren aber von den Bewegungen des Feindes, welcher auch gegen Sienica Patrouillen gesendet hatte, unterrichtet.

Man hatte im österreichischen Hauptquartier die Nachricht, dass General Wittgenstein mit einem Korps im Anmarsch sei. Dieses und die verschiedenen Bewegungen des Feindes auf unserm rechten Flügel machte es wohl wahrscheinlich, dass er gegen das österreichische und sächsische Korps mit Macht etwas Ernsthaftes unternehmen wolle. Es wurde daher auf das Tätigste mit Evakuation der Hospitäler in Warschau fortgefahren und in und bei dieser Hauptstadt die Quartiere für beide Armeekorps vorläufig reguliert. Die Österreicher verließen mit ihrer Avantgarde den Posten von Ostrolenka, behaupteten jedoch Brock und die übrigen und

den 25ten Januar ging das Korps gegen Sierock zurück. Es erfolgten einige kleine Angriffe auf die sächsischen Vorposten, sie wurden aber immer zurück gewiesen und die Truppen blieben in ihrer Stellung.

Der Major Caillasson war durch unrichtige Nachrichten verleitet worden, sich bis gegen Lipka zurück zu ziehen, weil er den General Gablenz in Stanislawow glaubte. Auch der Oberst Hann zog sich auf die Nachricht, das Kaluszyn von den Russen besetzt sei, gegen Stanislawow zurück und die ganze Avantgarde war bereit, sich daselbst zu repliieren, als auf den Erweis der Grundlosigkeit dieser Nachricht, noch in der Nacht und

den 26ten Januar in aller Frühe sämtliche Truppen der Avantgarde in ihre gehabte Position wieder vorrückten.

Die Polen in Kaluszyn waren zwar den 25n Abends mit großer Heftigkeit von Kosaken angegriffen worden, welche sich bis in die ersten Häuser des Orts vorgewagt hatten, indem sie durch das, nahe Kaluszyn gelegene Holz begünstigt wurden; allein diese hatten sich diese Nacht noch gehalten. Allein heut Morgen um 6 Uhr erfolgte ein erneuter Angriff auf dieses Detachement von mehreren Seiten, von Infanterie unterstützt und der Major Rostworowsky konnte nur mit Mühe seinen Rückzug auf Cyganka antreten, nachdem ein großer Teil seiner Ulanen abgeschnitten und gefangen gemacht worden. Er ging wieder nach Minsk vor, wo er sich erneut aufstellte.

Diese vielfachen Angriffe schienen deutlich zu beweisen, dass der Feind mit Gewalt vordringen wollte. So wenig nun auch bei den täglich mehr zunehmenden Kranken und bei dem Mangel an Verpflegung diese Stellung des Korps als haltbar angenommen werden konnte, um so mehr, da sich die Streitkräfte des Feindes immer weiter rechts ausbreiteten und resp. vordrangen, so musste doch vorzüglich wegen der Räumung der Hospitäler und aller Depots in und bei Warschau jeder Tag noch genutzt werden, um den Rückzug mit möglichster Gelassenheit zu bewerkstelligen. Die Divisionen zogen sich diesen Nachmittag dergestalt zusammen, dass die Brigade Nostitz nach Debewielki, die Brigade Steindel nach Zurawka und Terzen zu stehen kam, die Brigade Sahr aber in Stanislawow zur Unterstützung der Avantgarde verblieb. Diese wurde auf die Nachricht von der Besetzung von Kaluszyn zurückgezogen und bildete

den 27ten Januar folgende Linie: auf dem linken Flügel Major Caillosson in Cygow, bindet an den General Gablenz an, welcher mit dem Gros der Avantgarde in Stanislawow steht und einen vorgeschobenen Posten gegen Dobre hat. Der Oberst Hann besetzt nebst dem Regiment Polenz, 1 Bataillon Infanterie und 2 Kanonen Cyganka und setzt sich durch Nebendetachements in Mistow mit dem Major Rostworowsky in Minsk in Verbindung.

Die Divisionen blieben in den gestern bezogenen gedrängten Kantonierungsquartieren und es fiel nichts vor als dass die Patrouillen der Avantgarde bei Dobre auf feindliche Patrouillen stießen.

Die Österreicher schickten starke Kavalleriedetachements gegen Jadow vor, zogen sich aber allmählich zurück und der Fürst Schwarzenberg hatte sein Hauptquartier in Skubionka /: am Bug, Nieporent gegenüber :/. Die Avantgarde des General Fröhlich sollte den 30n nach Nieporent kommen. Man sprach ziemlich öffentlich, dass das österreichische Korps nach Österreich zurück kehren würde.

Abends ganz spät wurden die Vorposten der Polen vor Minsk durch Kosaken angegriffen. Kaluszyn war mit 1 Regiment Infanterie und 4 Kanonen besetzt.

Der Rittmeister von Lindemann, welcher mit einem Briefe des Fürst von Neuchatel an den Fürst Kutusow, an die russischen Vorposten als Parlamentär geschickt worden war, hatte nicht weiter als bis Bniewnik gelangen können, wo ein Oberster von den Kosaken ihn aufhielt. General Bulatow stand nach seinen Nachrichten in Wegrow, Lindsfort und Hambert in Liw, Liewen bei Kaluszyn. Sacken wurde erwartet. Man sprach von Unterhandlungen, welche in Wilna gepflogen worden sein sollten und von einem englischen Gesandten, welcher sich in Wien befände. Alles schien übrigens auf ein ernsthaftes Vordringen hin zu deuten.

Den 28ten Januar das Korps trat seinen Rückzug successive an. Die Brigade Steindel rückte nach Willanow und in die nahe gelegenen Dörfer, nur das Regiment Friedrich und die Brigade Steindel blieben diesseits der Weichsel bei Terzen und Wiezowna. Die 2te Division ging bis Okuniew zurück, ließ aber Repli für die Avantgarde in Michalow. Die Linie der Avantgarde wurde dergestalt gebildet, dass der Major Caillosson mit seinem Detachement in Cygow stehen blieb, General Gablenz nach Pustelnik zurück ging und einen Posten in Stanislawow stehen ließ, der Oberste Hann in Cyganka blieb, 2 Eskadrons Ulanen unter Major Thümmel nach Wielgola und die Polen unter Rostworowsky nach Dobrzeniec rückten. Die rückwärts und nahe seitwärts gelegenen Dörfer nach Warschau zu, sowie Warschau selbst, waren mit französischer Infanterie belegt. Die Reserveartillerie ging nach Raszyn. Das Hauptquartier bleib in Okuniew, ging aber Abends nach Warschau ab.

Das Hauptquartier der großen russischen Armee war, laut den erhaltenen Nachrichten, in Willenberg. Danzig wurde vom General Wittgenstein berannt. Eine Kosakendivision war von Bromberg aus gegen Filehne vorgegangen.

Den 29ten Januar blieben die Truppen in ihrer gestrigen Stellung. Nur der Oberste Hann wurde durch mehrmalige Angriffe der Kosaken, in welchen wir 4 Dragoner als Gefangene einbüßten, genötigt, sich bis Dluga Korcielnik zurück zu ziehen und die Avantgarde unter den General Gablenz ging zu Folge dessen bis Michalow zurück.

Die Österreicher hatten sich wieder näher an unsern linken Flügel angeknüpft. Die Division des General Siegenthal, dessen Quartier in Czarna war, besetzte die Gegend Wyrszkow, Niegow, Liping, Klembow und Kalin.

Den 30ten Januar zog sich die Linie unserer Avantgarde mehr rechts gegen Wieczowna und die Österreicher besetzten Okuniew zur Beobachtung der Straße nach Stanislawow. Sowohl die französische Division, ausgenommen einer in Praga liegenden Brigade, als der größte Teil der 1ten sächsischen Division standen schon auf dem linken Weichselufer. Heute rückte auch die 2te Division nach Warschau und der größte Teil der Avantgarde

den 31ten Januar in die umliegende Gegend; nur ein Teil der letztern, unter Kommando des Oberst Hann und Oberstleutnant Brause, blieb jenseits stehen und beobachtete die Gegend von Okuniew an bis nach Mledz. Der Major Rostworowsky behielt seinen Posten in Dobrceniec, zog sich aber sodann nach Karczew. Der Feind verhielt sich zwar ruhig, griff aber den 31n Abends die Vorposten des Obersten Hann bei Skrola an und hatte Debewielky mit Kosaken, die nahe gelegenen Dörfer Ruta usw. mit Dragonern und Infanterie besetzt. Die Division Bianchi rückte in Warschau ein und das ganze österreichische Korps hatte sich in und um diese Stadt herum mit dem 7. Armeekorps vereinigt.

Den 1ten Februar die Evakuation der Hospitäler und Depots wurde aufs tätigste fortgesetzt. Die Österreicher lösten die Avantgarde des Obersten Hann und Oberstleutnant Brause nebst der ganzen Vorpostenkette von Okuniew bis Mledz ab und das Geschütz sowohl als die übrigen sächsischen und französischen Truppen /: unter Major Caillassion :/ wurden an ihre Divisionen gewiesen. Das Regiment Polenz und Ulanen bezogen die Quartiere der Husaren an der Weichsel und letztere marschierten, unter Kommando des General Gablenz, nebst einer reitenden Batterie bis Blonie. Die Divisionsparks gingen bis Nadarczyn, um den Österreichern Platz zu machen. Von den Infanteriedivisionen wurde eine 2te schwache Vorpostenkette auf dem rechten Weichselufer gezogen. Der Vorpostendienst war für die Österreicher weniger beschwerlich, weil sie in besseren Einverständnis mit den Russen lebten und jede Feindseligkeit untersagt war.

Den 2ten Februar setzte sich die 1te Division /: bei wieder eingetretener sehr heftiger Kälte von 15 – 20 Grad :/ gegen Blonie in Marsch und bezog die Dörfer Ostrempusi, Kotzin, Duchnice und Umgebungen. Das Hauptquartier des Generalleutnant von Lecoq kam nach Helenow. Dies sollte /: wie durch die erteilten Befehle absichtlich zu erkennen gegeben wurde :/ eine Bewegung nach dem linken Flügel sein, um die Festung Modlin zu decken.

Die Österreicher zogen sich mehr rechts gegen Okencie und Falenci, ihre Vorposten standen aber noch auf derselben Linie bei Okuniew und suchten sich dem Vordringen der Russen durch Demonstrationen zu widersetzen. Die Russen hatten jenseits von Okuniew einige Kavallerieregimenter und etwas Infanterie aufgestellt und machten Miene, mit Gewalt bis gegen War-schau vorzugehen. Doch blieb es nur bei Androhungen und das sächsische Hauptquartier sowohl als die Truppen der 2n Division in und bei Warschau blieben in ihrer Stellung. Das Resultat der zwischen dem General Grafen Reynier und dem Fürsten Schwarzenberg getroffenen Übereinkunft – in Rücksicht der Stellung der Truppen, das Benehmen des Feindes bei den gepflogenen Unterhandlungen und die Nachrichten, die man von der großen russischen Armee hatte – nach welchen das Hauptquartier des Kaisers Alexander in Mlawa sein sollte – machten den gänzlichen Aufbruch des 7. Armeekorps aus der Gegend von Warschau notwendig. Dieser erfolgte

den 3ten Februar von Sachsen, Franzosen und den noch übrigen Polen. Modlin war mit 6.000 Mann besetzt worden, wozu die Polen 4.000 Mann, das 7. Armeekorps aber 2.000 Mann gegeben hatten. Zu den letzteren Teil wurden 1.200 Mann Franzosen und die beiden sächsischen Bataillone Prinz Friedrich August und von Niesemeuschel unter Kommando des Oberstleutnants von Bose bestimmt und trafen den 2n dieses in Modlin ein. Als Gouverneur wurde der General Daendels genannt.

Das sächsische Hauptquartier war heut in Vencice. Die 1te Division stand bei Wiskitky, die 2te bei Gonsin und Komorow; die Kavallerie und die übrige Avantgarde in und um Bolimow; eine polnische Kavallerieabteilung in Lowicz; die französische Division Durutte bei Nadarczyn und Siestrzyn. Die

Artilleriereserve in Mszonow und der Artilleriepark in Petrikau.

Die Österreicher hatten sowohl noch Warschau als auch mit ihrer Arrieregarde mehrere Punkte jenseits der Weichsel von Wyszogrod an bis gegen Karczew besetzt; ihr Hauptquartier war in Falenty.

Den eingezogenen Nachrichten des General Gablenz zu Folge, war Plock bereits mit 2.000 Mann Infanterie, Gombin und Wyszogrod aber mit Kavallerie besetzt. Die russische Avantgarde sollte den 3^n und das Gros der Armee den 4^n die Weichsel passieren. Es fand übrigens von unserer Seite kein Engagement statt.

In Warschau mussten gegen 1.200 Kranke zurück bleiben, die man wegen Mangel an Transportmitteln nicht mit fortnehmen konnte. Auch ließ man 12 Pontons, größtenteils aber ganz unbrauchbar, daselbst. Alles übrige Materielle war bereits fortgeschafft.

Den 4ten Februar setzte das Korps seinen Rückzug in der Hauptrichtung gegen Kalisch fort, breitete sich aber in seinen Quartieren dergestalt aus, dass der linke Flügel oder vielmehr die Arrieregarde in und um Lowicz, die 1te Division bei Prczezonow und Dombrowice, die 2te Division bei Wiskitki, die französische Division aber bei Mizonow zu stehen kam. In und bei letzteren Orte befanden sich auch polnische Detachements und das sächsische Hauptquartier war in Radziegowicze bei Mczezonow.

Den 5ten Februar blieb zwar die Arrieregarde in Lowicz stehen, allein das Korps bewegte sich weiter in der gestrigen Richtung, sodass das Hauptquartier in den Mittelpunkt nach Skierniewice und der linke Flügel, den die französische Division hatte, in die Gegend von Rawa zu stehen kam. Die Märsche waren stark, die Kranken häuften sich, die Kälte aber hatte sich bedeutend gemäßigt. Die Artilleriereserve wurde nach Brzeszyn dirigiert.

Von der Arrieregarde wurde gemeldet, dass ein russisches Lager zwischen Biala und Kremno stehe, die große russische Armee aber von Sierpe nach Dobrzyn marschiert sei. Der russische Kaiser sollte den 1^n Nachts in Racionz gewesen sein. Jedoch stimmten alle Nachrichten dahin überein, dass mit dem 3^n dieses kein bedeutender Übergang über die Weichsel stattgefunden hatte.

Den 6ten Februar wurde der Rückmarsch weiter fortgesetzt. Das Hauptquartier kam nach Brzeszyn, die 1te Division in und bei Strykow, die 2te in und bei Kolacin zu stehen. Die Arrieregarde, zu welcher der französische Major Caillasson stieß, befand sich an diesen Tage bei Piontek und Bilawy. Es wurde von derselben gemeldet, dass am 5^n Nachmittags eine feindliche Kolonne, bestehend in 12 Kanonen, 30 Munitionswagen, 3 Eskadrons Kavallerie und eine Abteilung Kosaken sich von Gombin gegen Osmolin in Marsch gesetzt habe und eine andere Abteilung Kosaken gegen Kutno marschiert sei. Diese Bewegung schien voraus zu setzen, dass man das 7. Armeekorps auf der Posener Straße im Rückzuge glaubte.

Die Stadt Warschau nebst Praga wurde heut durch Konvention an den russischen General Milloradowicz, an dessen Befehl der General Sacken bereits verwiesen war, übergeben. Es war ausbedungen worden, dass die zurück gebliebenen Kranken nicht als Kriegsgefangene betrachtet werden sollten.

General Milloradowicz kommandierte den linken Flügel und stand den 5^n in Druczkow; General Doctorow in Czerwinsk und der Kaiser Alexander war in Plock.

Das Hauptquartier des Vize-Königs von Italien befand sich fortwährend in Posen. Die Österreicher hatte heute noch Lowicz besetzt, sollten aber diesen Ort sowie Wiskitky und Nadapozyn den 8^n dieses räumen und ihr Rückzug war in mehrere Kolonnen über Jarczyn und Nowemiasto nach Opozno angeordnet.

Den 7ten Februar hielt das ganze Korps in den gestrigen Nachtquartieren Rasttag und nur ein Teil der 2ten Division rückte, um nicht den folgenden Tag zu weit marschieren zu dürfen, bis gegen Locz vor. Die Arrieregarde des Generals Gablenz wurde auf morgen gegen Penczyc dirigiert. Dieselbe war durch ein Detachement Franzosen unter den Major Caillasson und einige hundert Pferde polnischer Kavallerie unter dem Obersten Sawazki verstärkt worden.

Den 8ten Februar das Korps bewegte sich weiter gegen die Wartha, sodass das Hauptquartier nach Pabianice, die 1te Division bei Igierdz und Bugaz und die 2te bei Lodz zu stehen kam. Die Stellung der Arrieregarde war wie gestern bemerkt wurde. Es wurde von daher gemeldet, dass in Kollo Kosaken gewesen wären, Kutno besetzt sei und das am 3^n dieses mehrere russische Kolonnen die Weichsel passiert wären.

Die Stadt Warschau war gestern Abend von den letzten österreichischen Truppen verlassen worden und russische Truppen vom Korps des General Milloradowicz waren daselbst eingerückt.

Ohngeachtet man österreichischer Seits nicht aufgehört hatte zu parlamentieren, so hatte man doch russischer Seits von keinen Bedingungen oder irgend einer Konvention etwas hören wollen; indem Warschau kein haltbarer Punkt sei und daher von selbst den russischen Truppen zufallen musste, wenn es von allen Seiten umgeben sei. Diesem nach wurden auch die dort zurück gelassenen sächsischen Kranken als Kriegsgefangene betrachtet. Das österreichische Korps nahm nunmehr eine ganz entgegengesetzte Richtung gegen Krakau und es hatte allen Anschein, als ob dasselbe bloß zur Deckung seiner Grenzen bestimmt sei. Es hatte seine Direktion bis Konskie erhalten, wo es den 13^{n} dieses eintreffen sollte; eine andere Division hatte Befehl, ihm bis in die Gegend Wilicza entgegen zu rücken. Die Österreicher standen in sehr ausgebreiteten Kantonierungen und hinderten dadurch das rasche Nachdringen des Feindes auf der Straße nach Petrikau, sie waren erst heute in Lowicz abmarschiert, hatten aber noch Glowno; Skiernewicze und Nadarczyn besetzt. Das Hauptquartier war in Malawies bei Groiec.

Fürst Schwarzenberg war nach Wien berufen worden und der Feldmarschall-Leutnant Frimont sollte das Kommando der Armee übernehmen.

Die Verbindung des K. Hilfskorps mit dem 7. Armeekorps war sonach als aufgehoben zu betrachten, weil die entgegengesetzte Richtung sie immer weiter voneinander entfernte. Aus den Bewegungen der Russen ging hervor, dass sie die Österreicher gar nicht drängen, sondern ihre Kräfte mehr gegen Posen und das 7. Armeekorps verwenden wollten.

Im russischen Hauptquartier zu Plock, wo auch der Kaiser Alexander war, herrschte die Meinung, dass die Haupt-Operation auf Breslau gerichtet und im Fall, Thorn und Modlin nicht bald fallen würden, diese nur beobachtet werden sollten.

Die Korps von Tormassow und Doctorow sollten sich gegen Kalisch gewendet haben; Tschitschakof bei Thorn stehen und der linke Flügel der Armee nur aus Kosaken und etwas leichten Truppen bestehen. Das Hauptquartier der französischen Armee war zwar noch in Posen, man erwartete aber dessen baldigen Aufbruch nach Berlin.

Den 9ten Februar kam das Hauptquartier nach Szadek und die 2te Division in die umliegende Gegend, die 1te aber nach Borkow, Jagordzyn usw. zu stehen; die französische Division bei Fabianice und die Reserveartillerie nach Lutomierz.

Den 10ten Februar ging der größte Teil des Korps über die Wartha; die Avantgarde unterhalb Uniejow, die 1te Division bei Dobra, die 2te bei Wartha. Nur die französische Division blieb noch auf dem rechten Ufer dieses Flusses bei Szadek und Umgebung. Bis jetzt war nun wohl der Rückzug ohne einige Störung fort gesetzt worden, allein seit gestern hatten sich in der ganzen Gegend bei Kutno, Kollo und selbst bei Dobra russische Kavallerie Abteilungen gezeigt und ein sächsisches Husaren Detachement war aus Lenczyn durch eine beträchtliches Kommando Kosaken vertrieben worden. Kutno und Konin waren besetzt und man besorgte mit Recht, dass der Feind sich der nach Kalisch führenden Straße bemächtigen würde; die 1te Division erhielt daher Befehl, auf den linken Flügel

den 11ten Februar die Dörfer Jakrzyn, Cuchow, Plewnie und Kotrlontrkow, die Avantgarde aber Turek und Brudzewo zu besetzen. Die 2te Division als rechter Flügel rückte nach Wartha, Tondow und Umgebungen, die französische Division stand zwischen beiden, das Hauptquartier kam nach Koszminek. Die Bewegungen der feindlichen Kavallerie schienen nur Rekognoszierungen eines Seiten Korps gewesen zu sein, es erfolgten aber an diesen Tag mehrere Angriffe der feindlichen Kavallerie auf unsere Vorposten vor Turek und Przemiszew auf der von Konin herführenden Straße. In der folgenden Nacht drängte dieselbe so heftig und unglaublich schnell auf die Avantgarde des General Gablenz und Obersten v.Hann in den genannten beiden Orten an, dass nur mit Mühe ein ruhiger Rückzug bewirkt werden konnte. Die Kaltblütigkeit des 1ten leichten Infanterie Regiments unter dem Oberstleutnant v.Brause bewährte sich wieder auf das trefflichste, denn der Feind war schon bereits in Turek eingedrungen, als er durch die Entschlossenheit dieser Braven wieder mit dem Bajonett daraus verrieben wurde. Bei diesem Gefecht hatte die Avantgarde den Leutnant v.Tettenborn und vielleicht 30 Mann Kavallerie an Gefangenen verloren. Es zeigte sich deutlich, dass der Feind immer in stärkeren Maßen auf allen

Straßen gegen Kalisch anrückte; die Avantgarde zog sich also bis Malanow

den 12ten Februar mit Tagesanbruch zurück und es wurde nun höchstnotwendig, die Divisionen selbst mehr zu konzentrieren, um sich im Fall eines Angriffs unterstützen zu können. Die 2te Division wurde von Wartha aus näher bis Chlewo und Surnice herangezogen und ließ in Wartha nur noch das Ulanen Detachement als Arrieregarde.

Das Hauptquartier wurde nach Kalisch verlegt und erreichte diesen Ort in einem sehr unruhigen Moment, indem Nachmittags 2 Uhr die in Stawiszyn gestandenen Polen von überlegener feindlicher Kavallerie angegriffen und bis nach Kokanin, dem ersten Dorfe vor Kalisch, zurück geworfen worden waren. Kalisch war der Sammelplatz für die neu ausgehobenen Rekruten und zählte nur wenige gediente Krieger in seinen Mauern; es wurde daher immer wesentlicher, das 7. Armeekorps zu vereinen. Es wurde

den 13ten Februar die 1te Division in die Dörfer Pawlowek, Kokanin und Borkow, die Avantgarde nach Jelmie und Umgebung, die 2te Division nach Sdiny und in die rechts neben Kalisch gelegenen Dörfer, die französische Division aber teils nach Kalisch selbst, teils zur Verbindung der sächsischen Divisionen mit Anbruch des Tages herangezogen. Der Feind hatte noch von gestern her Russow, ½ Stunde von Kokanin, besetzt und aus diesem Dorfe sollte er Nachmittags durch die 1te Division, unterstützt durch das Regiment von Polenz vertrieben werden. Allein in dem Augenblick, als dieses ausgeführt werden sollte und das Bataillon Liebe-

nau aus seinen Quartieren in Kokanin aus zu
rücken im Begriff war, bewegte sich aus einmal eine
ungeheure Masse feindlicher Kavallerie von Russow her gegen Kokanin, warf sich mit unendlicher
Geschwindigkeit zwischen die 3 Dörfer, in welchen
die 1te Division kantoniert und schnitt dadurch allen
Bataillonen die gegenseitige Verbindung ab. Das
Bataillon Liebenau hatte kaum Zeit ein Karree zu
formieren und aus dem Dorfe auszurücken.

Das Regiment Prinz Clemens in Pawlawek wurde
so überrascht, dass sich die Kosaken schon im
Dorfe befanden, ehe die Mannschaft versammelt
werden konnte. Allein durch die Geistesgegenwart
des Obersten Mellentin, welcher sogleich die Polizei
Wacht am Ende des Dorfes versammelte, die
Eingänge besetzte und jeden Mann feuern ließ,
welcher nur zum Laden kommen konnte, wurde das
Regiment nach und nach vereinigt, in 2 Karrees
formiert und aus dem Dorfe geführt. Die Kosaken
hatten sich schon 2er Kanons bemächtigt; allein das
eine wurde ihn durch die Entschlossenheit des
Feldwebels Vollborn und einiger Mann wieder
entrissen. Während dessen hatten die Russen
schon ein paar Batterien aufgefahren und feuerten
von 4 verschiedenen Seiten auf das Regiment;
dieses war aber unerschütterlich fest und widerstand allen Angriffen der Kavallerie. Ein feindliches
Jäger Regiment rückte gegen dasselbe vor, begann
den Schlachtgesang, griff aber das Regiment nicht
an. So standhaft dieses indessen seinen Posten
behauptete, so unmöglich war es ihm, sich wegen
der feindlichen Kavallerie gegen Kalisch zu fort zu
bewegen und man verlor es ganz aus dem Ge-
sichtskreis.

Dem Bataillon Liebenau war es früher gelungen, sich gegen Kalisch heran zu ziehen; es blieb im Karree formiert, bis vor diesen Ort.

Von dem in 1 Bataillon formierten Regiment Prinz Anton, welches in Borkow gestanden hatte, war gar keine Nachricht zu erlangen, denn vom ersten Augenblick des Angriffes an wurde die Verbindung mit demselben gänzlich durch das Vordringen der feindlichen Kavallerie unterbrochen.

Ein gleiches Schicksal hatte das Regiment Polenz, welches man von Sokanin aus, von Kavallerie umringt, sah. Man konnte diese letztere auf gewiß 6.000 Pferde annehmen und es wurde ihr daher leicht, von 2 Batterien unterstützt, bis auf die Anhöhe vor Kalisch vorzudringen, ehe noch irgend eine Vereinigung der Truppen stattfinden konnte. Die Blänker waren an der Vorstadt und konnten nur mit genauer Not durch einige Kompanien französischer Infanterie, welche an die Straße platziert wurden, abgehalten werden, weiter vorzudringen. Der Brigade Sahr, welche über eine Stunde entfernt in Kantonierung lag, war es unmöglich, so schnell heran zu kommen, um sich mit Kalisch in Verbindung zu setzen und so dauerte das Gefecht fast 2 Stunden lang fort, ohne dass eine Brigade von der andern unterstützt oder irgend eine Verbindung bewerkstelligt werden konnte. Einige Adjutanten, welche man in dieser Absicht versendete, konnten nicht anders als durch die herum schwärmenden Kosaken passieren und wurden von diesen aufgefangen. Es waren peinliche Stunden, in welchen jeder nach eigener Überzeugung und auf eigene Gefahr hin operieren musste.

Das Schicksal der Avantgarde unterm General Gablenz war gänzlich unbekannt, man erhielt endlich aber die Meldung, dass der größere Teil des Regiments von Polenz sich bei Jelmie mit derselben vereinigt habe, dass es jedoch wegen der in ihrer rechten Flanke sich zeigenden Kolonnen ihr unmöglich sein werde, Kalisch zu erreichen.

Um 5 Uhr Abends endlich, als die Brigade Sahr gegen die Vorstadt von Kalisch angerückt war und sich des Einganges und der 1ten Hälfte des auf der Höhe liegenden anstoßenden Dorfes bemächtigt hatte, ging die feindliche Kavallerie Linie etwas zurück. Man beschoss dieselbe durch die vor dem Dorfe aufgefahrenen 3 Batterien, allein diese wurden bald durch 2 andere feindliche Batterien in die Flanke genommen und es blieb nunmehro nichts weiter übrig, als alle Truppen vors erste gegen die Stadt Kalisch heran zu ziehen, des Übergangs über die Brücke sich zu versichern und den Rückzug gegen Raszkow, in der Richtung nach Glogau, anzutreten. Es war daher um 6 Uhr Abends der Zustand der Sachen folgender:

Die Avantgarde unter General Gablenz, bestehend aus dem Husaren Regiment, der reitenden Batterie und dem 1ten leichten Infanterie Regiment /: sämtlich ganz zusammen geschmolzen durch die vorherigen Märsche, Gefechte und Krankheiten :/, vom Korps getrennt und ihr Schicksal ungewiß.

Das Regiment Polenz, nach dem Verlust des Obersten von Hann, des Hauptmann Bose, des Leutnants v.Kühn und ca. 20 Mann, so gefangen gemacht worden waren, sowie das Detachement des französischen Major Caillasson, mit derselben vereinigt, das Grenadier Bataillon Liebenau, die Brigaden Devaux und Jarry in und nahe bei Kalisch.

Die Brigade Sahr nebst ihrer ganzen Artillerie in dem an Kalisch anstoßenden Dorfe, auf dem Rückzug begriffen /: bei diesem Rückzuge bewiesen die Truppen gegen die auf sie andringende feindliche Kavallerie und Infanterie ebenfalls eine seltene Standhaftigkeit und eine Jäger Kolonne wurde von dem Hauptmann Geibler des Bataillons Anger zurück geworfen :/.

Eine halbe Stunde später aber war das Regiment Prinz Clemens mit der 1ten Fußbatterie, jedoch nach Verlust eines Kanons, in Sicherheit auf dem linken Ufer der Prosna hinter Kalisch /: dieses brave Regiment hatte sich in Karrees immer gegen den Fluss fortbewegt, alle Angriffe der Kavallerie zurück geschlagen und war, noch in Karrees formiert, mit seinem Geschütz über den halb aufgetauten Fluss gegangen, sodass die Mannschaft bis an den halben Leib durch das Wasser waten musste; unterhalb der Stadt erreichte es das Korps :/, die Brigade Mory, an welche sich der Oberst Zawadsky von der Arrieregarde abgeschlossen hatte, folgte, durch das Vordringen der Brigade Sahr begünstigt, derselben nach Kalisch nach und an der Queue derselben befand sich das Ulanen Detachement unter dem Oberstleutnant v. Thümmel.

Sonach war man nur noch über das Schicksal des General Major v. Nostitz nebst dem Regiment Prinz Anton in Ungewissheit und man musste aus der Stellung der Truppen und aus der Beobachtung des Feindes schließen, dass diese Brigade gefangen gemacht worden sei, welches sich auch nachher bestätigte. Ein Gleiches war einer Kompanie des Grenadier Bataillons von Liebenau wiederfahren, welche unter dem Capitaine Angermann zu lange sich die Verteidigung des Kirchhofes von Kokanin hatte angelegen sein lassen. Alle diese einzeln aufgestellten Braven mussten daher der Überlegenheit des Feindes weichen, welcher an diesem Tag gewiss 10.000 Mann mit Zuschuss von 6.000 Mann Kavallerie und ohngefähr 36 Kanons gegen uns ins Feld stellte. Die Korps stand unter den Befehlen des Kommandanten der Avantgarde, General Landskoy. Ihm folgte der General Milloradowicz /: Kommandant aller Avantgarden :/ und die Divisionen Tschitschakof und Winzingerow. Der Feind stellte nach dem Rückzug unserer Infanterie sein Feuer ein und wir konnten, außer den Gefangenen, den Verlust an Toten vielleicht auf 20 Mann /: unter denen sich der Hauptmann Goetz befand :/ und circa 100 Blessierten annehmen, ungerechnet das, was die Franzosen verloren hatten.

Die russischen Batterien schossen im ganzen genommen bei der nahen Schussweite schlecht und größtenteils zu hoch, sonst würde unser Verlust bedeutender gewesen sein; unsere Truppen wurden weiter nicht gedrängt und traten noch diesen Abend den Rückmarsch nach Raszkow an. Die sächsischen Brigaden Steindel und Sahr hatte die Tete, die französischen folgten, die polnische Kavallerie hatte die Avantgarde und es waren von derselben Abteilungen gegen die linke Flanke nach Ostrow marschiert, weil mit Recht voraus zu sehen war, dass wir von dieser Seite beunruhigt werden würden. Die Arrieregarde unter den Befehlen der Oberstleutnants v.Thümmel, bestehend aus den sächsischen Ulanen und 3 Divisionen Infanterie, marschierte in der Nacht um 12 Uhr zuletzt ab und ließ die Brücke von Kalisch zuvor abbrennen.

Die Russen folgten nicht und man sah die Wachtfeuer erlöschen.

Den 14ten Februar bezog das Korps einen Biwak von einigen Stunden bei den Städtchen Raszkow. Die beiden sächsischen Brigaden Steindel und Sahr waren zu einer Division unter den General Lecoq vereinigt, welche aber durch die unglaubliche Anzahl von Kranken und durch den Verlust in den letzten Gefechten sowie durch den Abgang der Avantgarde und der Brigade Nostitz bis auf circa 2.400 Mann geschmolzen sein mochte.

Die Witterung war gelinde, aber nur desto nachteiliger, teils für die Gesundheit der Truppen, teils weil die Wege täglich mehr verschlimmert wurden und über den Frost schon hohes Tauwasser stand.

Es war vorher zu sehen, dass nur die angestrengtesten Märsche das Korps vor der Verfolgung der russischen Kavallerie sicher stellen konnten, denn diesen Nachmittag war schon Ostrow von russischen Jägern besetzt und die Kosaken Patrouillen streiften gegen Pogrzybow /: ¼ Stunde von Raszkow :/, wo sich das Hauptquartier befand; das Korps brach daher noch diesen Abend, an welchen die russische Avantgarde von Ostrow vorrücken zu wollen Miene machte, auf und setzte in der Nacht von 14n zum 15n Febr. seinen Marsch weiter über Krotoszyn nach Kobylin fort.

Den 15ten Februar wurde bei Kobylin biwakiert. Die Straßen nach Kozmin und Raszkow wurden beobachtet und es zeigten sich bei der Arrieregarde nur einzelne Kosaken Patrouillen.

Der Major von Watzdorf erreichte bei Krotoszyn das Korps. Er war von General Gablenz aus der Gegend von Schildberg abgeschickt worden, welcher bei der anscheinenden Unmöglichkeit, sich mit dem Korps vereinigen zu können, am 13^{n} von Opatowek aus nach Grabow marschiert war, daselbst die Prosna passiert und sich gegen Schildberg gewendet hatte. Der Rest des Regiments von Polenz /: an 43 Rotten :/, das Husaren Regiment von ebenso geringer Stärke, die reitende Batterie, das 1te leichte Regiment und der Major Caillasson mit etlichen 100 Mann, war bei ihm vereinigt, aber durch die unerhörten Strapazen ganz erschöpft. Er erhielt die Weisung, sich wo möglich auf den Prinz Poniatowsky /: der sich aber nach Czenstochau gezogen hatte :/ und von da auf Radomsk auf die Österreicher zurück zu ziehen, weil das neutrale preußische Gebiet bis unterhalb Breslau nicht verletzt werden dürfe.

Den 16ten Februar früh 1 Uhr brach das Korps von Kobylin auf und marschierte bis Rawicz. Das Tauwetter hatte die Wege von Gerchen bis Zarnow vorzüglich für die Infanterie fürchterlich schlecht gemacht und die Kräfte der Mannschaft wurden fast ganz erschöpft. Nach ein paar Stunden Ruhe wurde der Marsch noch 3 Stunden weiter bis nach Gr. Reutchen in Schlesien fortgesetzt und daselbst biwakiert. Das Hauptquartier war in Kl. Reutchen. Es hatten sich an diesen Tage mehrere polnische neu angeworbene Kavallerie Detachements und Transporte aller Art an das Korps angeschlossen, der mit den Parks und Reserve Batterien alle auf einen und demselben Wege gegen Guhrau und Glogau den Marsch fortsetzten. Man musste den folgenden Tag den Hundepass zwischen Guhrau und Schlichtingsheim passieren und da sich schon ein Tag früher einzelne Kosaken bei Lissa gezeigt hatten und man bereits wusste, dass Posen von den Russen besetzt sei und der Vizekönig selbst einen Echec daselbst erlitten habe, so war man nicht ohne Besorgnis, dass der Durchgang durch den genannten Pass erschwert werden könnte, wenn eine russische Kolonne von Lissa herüber käme. Noch mehr Bedenklichlkeit flößte der zufällige Umstand ein, dass man von der Queue des Korps aus einen russischen Parlamentär Offizier hatte schnell zurück kehren lassen, welcher mit Briefen von den gefangenen Offiziers angekommen und sehr pressiert gewesen war, zurück zu gehen.

Es wurde ein polnisches Infanterie Regiment bis gegen den Hundepass vorgeschoben und die Arrieregarde war durch polnische Ulanen und Kosaken unter dem Obersten Zawadsky verstärkt und von ihm geführt worden.

Den 17ten Februar früh 1 Uhr setzte das Korps seinen Marsch fort und passierte, nach einer kleinen Ruhe von ein paar Stunden, den gefürchteten Hundepass glücklich, welcher nicht so schwierig oder inpraktikabel erschien, als man geglaubt hatte.

Der Hauptpass besteht in 2 Brücken über ein paar Wasser Arme, in etwas sumpfichten Boden, von denen man behauptet, dass sie nicht umgangen werden könnten. Indessen scheint das Wasserbett ganz flach zu sein. Jenseits des Passes vereinigen sich die Straßen von Glogau und von Lissa und von Fraustadt. Der Pass war gleich früh von den Ulanen und dem Bataillon Liebenau besetzt worden und das Korps ging ohne Schwierigkeit bis nach Schlichtingsheim und Gurschen. Nur leider war der Zustand des Weges von Guhrau aus so entsetzlich, dass ein großer Teil von Wagen aller Art, mit Requisiten beladen, stehen bleiben und nur mit größter Anstrengung die sächsischen gerettet werden konnten. Von dem polnischen Armatur Transport ging viel verloren, denn die kleinen, schlecht gefütterten Pferde, für welche die polnischen Behörden in den letzten Tagen immer kein Futter gereicht hatten, blieben vor Erschöpfung liegen.

Das Tauwetter wurde immer nachteiliger und ein einziger Tag Aufenthalt würde noch unendlichen Verlust verursacht haben.

Den 18ten Februar durch den gestrigen Marsch war das Eintreffen des Korps /: von welchen die Division Durutte nur einige kleine Reste übrig geblieben waren :/ in Glogau gesichert worden. Die Transportmittel waren fast nicht mehr zu erschwingen und die große Anzahl der Kranken machten diesen Rückzug zu einem der beschwerlichsten. Von Schlichtingsheim nach Glogau waren nur noch 3 Stunden zurück zu legen und das Korps wurde hinter die Festung auf das linke Ufer der Oder in die Dörfer Ziebern, Nilbau, Broslau usw. in Kantonierungsquartiere verlegt. Das Hauptquartier war in Glogau. Hier häuften sich von Neuem Schwierigkeiten. Man wollte ungern Quartiere anweisen, keine Kranken aufnehmen, keine Lebensmittel verabfolgen lassen, kein Vorspann geben und die sächsische Munition nicht verabfolgen lassen. Zu Glogaus Verteidigung waren nur ganz wenige unbedeutende Veranstaltungen gemacht und der Gouverneur schien wenig Hoffnung auf die Haltung des Platzes zu setzen.

Die Avantgarde blieb in Schlichtingsheim.

Durch öffentliche Blätter erfuhr man, dass Pillau von den Preußen besetzt worden sei.

Den 19ten Februar hatten endlich die Truppen in Glogau Rasttag, während dass sich die großen Munitions, Reserve Batterien und Vorräte der Intendanz nach Neustaedtel in den schreckbaren Wege herum würgten.

Die Avantgarde wurde bis nach Glogau zurück gezogen und das Ulanen Detachement unterm Oberstleutnant v. Thümmel rückte nach Reuthen.

Den 20ten Februar blieben die Truppen sämtlich in den vorgestern bezogenen Quartieren und es wurde dieser Tag vorzüglich dazu angewendet, um die zurück gebliebenen Wagen der Intendanz sowie die Kanons und Munitionswagen der 2ten Fußbatterie, welche in den fürchterlichen, vernichteten und grundlosen Wege von Glogau nach Herrendorf stehen geblieben waren, gegen Sprottau heran zu ziehen. Hätte man den Weg über Reuthen nach Neustaedtel durch diese Transporte einschlagen lassen, wo man nur größtenteils sandigen Boden findet, so hätte man nur halbe Arbeit gehabt und würde sich manchen Verlust erspart haben. Denn abgerechnet, dass vielleicht 50 – 70 kleine schwache und abgetriebene Pferde auf diesen Wege gefallen waren, ging auch ein großer Teil der Transporte durch die alliierten polnischen Truppen verloren, welche über einzelne, stehen gebliebene Wagen in der Nacht herfielen, die Trainsoldaten misshandelten und die Wagen ausplünderten. Es wurde heute so viel als möglich alles, was zurück geblieben war, gesammelt und nach Langen Heinersdorf zum Park heran gezogen. Das Hauptquartier ging von Sprottau nach Neustaedtel.

In Breslau wurden in dieser Zeit, wie man in hiesiger Gegend erfuhr, alle Anstalten getroffen, um die Armee in vorzüglichen Stand zu setzen. Rekruten wurden aus allen Gegenden zusammen gebracht und Freiwillige eilten aus Berlin und allen Städten des Königreiches herbei; man schätzte die Anzahl der um Breslau versammelten Truppen über 100.000 Mann.

Es waren mehrere Magazine in Schlesien errichtet aber die Einrichtung getroffen worden, dass die Truppen jedesmal die 1ten zwei Tage aus den Dörfern verpflegt würden. – Ein Sappeur Detachement ging an der Oder herunter, um die Brücken zu zerstören.

Den 21ten Februar rückte die Brigade Steindel in die Dörfer Brieg, Seppau und andere von der französischen Division verlassene Dörfer, welche sich weiter vor Neustaedtel gegen Doering und Bohrau usw. bewegt hatte. Die Brigade Sahr und die Reserve Artillerie blieb in ihren Kantonierungen. Das Hauptquartier ging bis nach Freistadt. Es ging die Nachricht ein, dass 7 russische Kavallerie Regimenter sich gegen Berlin in Bewegung gesetzt hätten, aber von den Vizekönig zurück getrieben worden wären.

Der General Leutnant Thielmann befand sich nebst ohngefähr 1.300 Pferden, als Regiment Leib-Kürassier Garde von 600, Zastrow von 400 und leichte Kavallerie 300 Pferde stark, in der Gegend von Jogerswerd. Ein provisorisches Bataillon von 1.000 Mann stand sowie eine reitende Batterie /: erst weiter vorwärts bei Vetschau und Cottbus :/, bei ihm die übrigen Depots der sächsischen Kavallerie, in Dresden und 1 Bataillon Grenadier Garde in Torgau. Der General Leutnant Thielmann war an die Befehle des General Reynier gewiesen.

Den 22ten Februar blieb das Hauptquartier in Freistadt, das Ulanen Detachement ging nach Neusalz, die Parks und Equipagen bis Sorau.

Es wurden von Sorau aus 300 Pferde bis Sprottau geschickt, um von da aus die in Glogau noch zurück gelassene Munition, für welche die Transportmittel gänzlich fehlten oder verweigert wurden, abzuholen.

Den 23ten und 24ten Februar setzte das Korps seine rückgängige Bewegung über Neustaedtel gegen Sprottau und Sagan fort und hielt

den 25ten Februar indem bei den genannten Orten einen Ruhetag. Die Sachsen bei Sprottau, die Franzosen bei Sagan. Man hatte die Truppen immer nur brigadeweise fortrücken lassen, während dass Neusalz noch von den Ulanen besetzt blieb und den 25n kantonierte sich die sächsische Division bei Sprottau.

Mehrere unverbürgte Nachrichten hatten bis zum 24ten Abends uns von dem Übergang großer russischer Truppen Abteilungen über die Oder unterrichtet. Es sollten Kosaken in Lüben, Liegnitz,

Hamau und selbst in Bunzlau gewesen sein, eine polnische Kasse bei Liegnitz weggenommen haben usw. Ausgeschickte Unteroffiziers brachten die Nachricht mit, dass bei Steinau ohngefähr 500 Kosaken unter Kommando des Oberst Prendel sich hatten übersetzen lassen und einzelne Patrouillen bis Lüben und dortige Gegend gekommen wären. Ein Rapport des Major Spiegel, welcher in Waldau stand, um die Einzelnen zu sammeln, bestätigte aber, dass den 23^n früh eine Lazarett Brigade in Löwenberg von einigen hundert Mann Kosaken und Dragonern wäre überfallen und gefangen gemacht worden. Die Brigade der Kürassiers, so in Jogersward gestanden hatten, erhielt Befehl, nach Dresden zurück zu kehren. 3 Eskadrons leichter Kavallerie und ein provisorisches Bataillon wurden auf Sorau und von da auf Halbau gewiesen.

Das Hauptquartier des Prinz Vizekönigs von Italien war den 23^n noch in Köpenick, sollte aber nach Charlotten-burg verlegt werden.

Den 26ten Februar setzte sich das Korps nach Frauwalde und Halbau in Marsch. Das Hauptquartier kam in den letztern Ort. Eine Arrieregarde, bestehend aus dem Ulanen Detachement und einem Kommando unter dem Major Trosky, war bestimmt, den Weg über Muskau und Hoyerswerda einzuschlagen, um die Depots, die Kranken und Munitions Transporte zu decken. Das Korps wurde

den 27ten Februar weiter über Rothenburg dirigiert, weil man auf diesen Wege sowohl der Straße von Görlitz nach Bautzen näher war, als auch die sandigen Gegenden bei Niesky weniger Schwierigkeiten auf dem Marsch gegen Dresden befürchten ließen. Die Truppen passierten die Neiße bei Steinbach und wurden nach Rothenburg in gedrängte Kantonierungsquartiere gelegt.

Die Avantgarde, bei welcher die 3 Eskadrons leichter Kavallerie unterm Oberstleutnant v.Wörner standen, beobachtet die Wege nach Waldau, Sorau, Görlitz etc.

Den 28ten Februar Fortsetzung des Marsches bis nach Langenoelse, Gr. Radisch, Kolm und nachgelegenen Dörfern.

Den 1ten März rückte das Korps von Langenoelse bis nach Bautzen. Es waren die ausdrücklichsten Befehle von Seiten des Vizekönigs von Italien, welcher sein Hauptquartier den 27n in Charlottenburg hatte, an den General Reynier gelangt, dass sich das 7. Armeekorps zur Deckung des Königreichs Sachsen und vorzüglich der Hauptstadt selbst so lange als möglich in der Ober Lausitz halten und nur einer überlegenen feindlichen Macht weichen sollte. /: Der Bayerische General befand sich mit seinem Korps in Kalau :/ Diesem gemäß wurden sämtliche Truppen nach Bautzen und die Avantgarde in die Dörfer Niederhorka, Nadelwitz und Aurich gelegt. Ein vorgeschobener Posten von 20 Pferden stand in Weissenberg und ein ähnlicher Verbindungsposten in Wurschen.

Den 2ten und 3ten März hatten die Truppen in Bautzen Ruhetag, Sowohl eine nach Görlitz gesendete Rekognoszierung als noch andere, später eingegangene Nachrichten bestätigten es, dass zwar 300 Pferde unter dem Oberst Prendel noch in Pertsdorf hinter Lauban stünden und ihre Patrouillen bis 2 Stunden von Görlitz schickten, dass ferner in Görlitz Lebensmittel für ein bedeutendes russisches Korps angesagt wären, jedoch das Vorrücken eines Armeekorps über Liegnitz und Bunzlau noch sehr zweifelhaft, weil die ausgetretenen Gewässer Schlesiens so viel Hindernisse in den Weg legten.

Das Korps des General Winzingerode und noch ein 2tes sollten zur Belagerung von Glogau bestimmt sein. Im Liegnitzer Departement erwartet man die Annäherung von 40.000 Mann Preußen und den König selbst. Von russischen Truppen wollte man hingegen nichts wissen. Die Vorbereitungen und Werbungen in den preußischen Staaten wurden mit den größten Eifer betrieben. In Breslau selbst erwartete man die Ankunft des russischen Kaisers und der Minister Stein, dessen Abneigung gegen Frankreich von sonst her bekannt war, war bereits dort angelangt.

Auf der böhmischen Grenze waren seit 2 Tagen bereits Neutralitäts Tafeln in 3erlei Sprachen angeheftet worden und man hatte in Böhmen die sorgfältigsten Anordnungen zur guten Behandlung sächsischer Kranker oder Versprengter getroffen.

Von den General Gablenz war die Meldung eingegangen, dass er bei dem Korps des Feldmarschall Leutnant Frimont in der Gegend von Koniecpol nebst seiner ehemaligen Avantgarde glücklich eingetroffen und gut aufgenommen worden sei, auch seinen Marsch der erhaltenen Direktion gemäß zum 28^n Febr. über Zasnowice und Iwanowice nach Proszowice fortsetzen werde.

Der König von Sachsen war seit 8 Tagen von Dresden abgegangen und hatte sich nach Plauen begeben. Eine kleine Eskorte von den Garden begleitete ihn.

Den 4ten März blieben die Truppen in und bei Bautzen. Es waren Avertissements Posten sowohl über Diesa und Rothenburg gegen Waldau als auch gegen Marklissa angelegt, um von der Annäherung feindlicher Korps in Zeiten Nachricht zu erhalten.

Den 5ten März desgleichen. In der darauffolgenden Nacht erhielt man im Hauptquartier die Nachricht von einem bei Berlin vorgefallenen Gefecht, in Folge dessen die Franzosen Berlin verlassen und sich gegen Wittenberg zurück gezogen hatten. Das Hauptquartier des Vizekönigs sollte daselbst den 6n eintreffen. Nach einer andern, jedoch nicht verbürgten Nachricht, sollte sich ein russisches Korps, welches bei Crossen über die Oder gegangen sei, Christianstadt nähern. Hierauf erhielt das Korps

den 6ten März früh Befehl zum Aufbruch und ging diesen Tag bis Bischoffswerda und Goldbach. Das Hauptquartier nach Hartau. Die leichte Kavallerie bis Bautzen zurück

Den 7ten März wurde der Marsch bis in die Gegend von Weissig bei Dresden fortgesetzt. Das Hauptquartier kam nach Dresden selbst. Die leichte Kavallerie stand zwischen Goldbach und Fischbach.

Den 8ten März rückte das Korps in Neustadt bei Dresden und die nahe liegenden Dörfer ein. Die Artillerie wurde in Position in Neustadt gebracht und die Eingänge an den Toren durch Palisaden verwehrt. Obschon die Neustädter Festungswerke größtenteils ganz demoliert sind, so schützt doch eine Linie von Palisaden rings um die Stadt vor dem

Eindringen feindlicher Parteien. Eine Überrumpelung vonseiten der Kavallerie ist daher leicht abzuweisen. Das Hauptquartier blieb in Dresden. Die Dörfer Neudorf und Puschen sowie der neue Anbau waren belegt.

Den 9ten März rückte ein provisorisches Bataillon in Dresden ein. Der General Reynier hielt Revue über die Kürassier-Garde und das neu formierte Regiment von Zastrow.

Rapport Captain Rouvroy

Sr. des Königlich Sächsischen
kommandierenden Herrn General Leutnant
Edler von Lecoq
Hoch- und Wohlgeboren

Ganz gehorsamster Rapport

Durch den Herrn General Major von Langenau wurde ich am 18^n Dezbr: v.J. mit dem Obersten Vennevelles nach Königsberg abgeschickt, um daselbst Nachrichten über den Zustand der sächsischen Truppen, so bei der großen Armee gestanden einzusammeln.

Ich sah bis Königsberg, wo ich den 21^n Dezbr: v.J. eintraf, nichts von den sächsischen Regimentern, nur die Deroute aller Truppen, von welchen wir allenthalben einzelne Trupps ohne Kommandeurs und Offiziers ohne Soldaten antrafen, war das was wir bis Königsberg sahen.

Ich bemühte mich in Königsberg zuerst des Aufenthalt des General Leutnants Baron von Thielmann zu erfahren, allein er war bereits Tages zuvor am 20^n Dezbr: nach Dresden abgereist und hatte das Kommando den Herrn Oberst Lessing vom Regiment Prinz Albrecht übergeben.

Durch den Herrn Major von Brandenstein von der Garde du Corps, so noch krank zurück in Königsberg war und eben seinen Regimente nachreisen wollte, erfuhr ich jedoch, dass die Reste der Kavallerie Königsberg bereits passiert hätten und nach Elbingen dirigiert wären.

Ich machte hierüber dem Oberst Vennevelles sogleich meine Meldung und dieser erteilte mir hierauf den Befehl, den folgenden Morgen mit ihm nach Heilsberg reisen und von da nach Elbingen zu gehen, weil er glaubte, es würde vielleicht die sächsische Infanterie über Heilsberg gegangen sein. Auch eröffnete mir gedachter Herr Oberst, dass S^e. Majestät der König von Neapel auf sein Ansuchen zwar die mündliche Erlaubnis gegeben habe, die Reste der sächsischen Truppen nach Warschau zu schicken, allein er habe späterhin eine schriftliche Order deshalb verweigert.

Sobald ich nun zu Heilsberg allen eingezogenen Erkundigungen zu Folge in Erfahrung gebracht hatte, dass nichts von den sächsischen Truppen durch diesen Ort passiert sei, setzte ich sogleich die Reise nach Elbingen fort, weshalb ich mich zu Guttstadt von dem Herrn Oberst Vennevelles trennte.

Den 23^n Dezbr: traf ich zu Elbingen ein, um die Kavallerie, welche den 24^n dahin dirigiert war, zu erwarten, allein da diese einen Tag früher daselbst eingetroffen war, so fand ich nur den Herrn Major von Nehrhof nebst einigen anderen kranken Offiziers, welche mir ihre neue Direktion über Marienburg nach Marienwerder angaben.

Ich folgte am 25^n dieser Kavallerie dahin nach, wurde jedoch auf allen Straßen von den einzeln reisenden Militärs, die ohne Zusammenhang dennoch die Straße ganz bedeckten, an dem schnellen Fortkommen sehr behindert.

Den 25^n Dezbr: Abends traf ich zu Marienwerder ein und ich fand hier Gelegenheit, mich selbst von dem traurigen Zustand zu überzeugen, welchen der

Rapport des Herrn Oberst Lessing an Ew. Hoch und Wohlgeboren schildert.

Vom Rittmeister Heldreich von der Garde du Corps sowie dem Premierleutnant Kirchbach vom Regiment Zastrow Kürassiers, so krank und in den dürftigsten Umständen sich befanden, gab ich auf die mir von dem Major Ziegler davon gemachte Anzeige, erstern 6 und letztern 8 Louis d'or sowie früher schon dem Rittmeister Dietz von der Garde du Corps 2 Louis d'or in Golde zu ihrer höchst nötigen Unterstützung, da sie aller Equipage beraubt waren, in Abschlag ihres rückständigen Traktaments.

Da ich nun aber nicht selbst die Bedürfnisse jedes einzelnen Offiziers beurteilen konnte, so bat ich den Herrn Obersten Lessing noch 20 Louis d'or für die Kranken und bedürftigsten Offiziers zu Verteilung zu übernehmen, über welche Summe ich mich quittieren ließ.

Den Herrn Oberst von Lessing machte ich auch sogleich mit den ihm nötigen Teil meiner Instruktion bekannt und erbat mir für Ew. Hoch und Wohlgeboren einen ausführlichen Rapport über den Zustand der seinem Kommando untergebenen Kavallerie.

Da ich bis jetzt nirgends etwas von der Artillerie angetroffen hatte, so ersuchte ich gedachten Herrn Oberst, mir die möglichste Auskunft über den Zustand derselben mitzuteilen und folgendermaßen wurde ich davon von ihm unterrichtet.

Die sämtlichen Kanons und Munitionswagen wären wegen Mangel an Bespannung bei Wilna verloren gegangen, die Artillerie-Mannschaft teils gefangen, teils durch Krankheit und Fatiquen aufgerieben worden. Der Hauptmann Hiller, welcher sehr bedeutend krank gewesen, sei wahrscheinlich tot, die beiden Leutnants Eckhard und Hörnig aber, welche schon bei Porosow unbeirrten gewesen wären, höchstwahrscheinlich gefangen.

Bei der Ankunft der Kavallerie zu Marienwerder wurde der Rest des Regiments Prinz Johann durch einen Adjutanten des Herrn Marschall Victor reklamiert und so von dem Kommando des Herrn Oberst Lessing losgerissen, so dann aber bei Marienwerder in Kantonierung verlegt. Während die drei übrigen Kavallerie Regimenter Garde du Corps, Zastrow Kürassiers und Prinz Albrecht Chevaux Legers bis bei Neuenburg dirigiert wurden, um daselbst die weiteren Befehle des Herrn Generals Sebastiani zu erwarten.

Am 28^n Dezbr: erhielt auch diese Kavallerie von gedachten Herrn General Sebastiani den Befehl, sich nach Crossen zu begeben. Sie marschierte den 29^n dahin ab und wird den 16^n Januar a.c. daselbst eintreffen.

Da nun aber sowohl ein Transport Kranke von den beiden Regimentern Rechten und Low, welche aus dem Hospital zu Königsberg evakuiert worden waren und worüber ich Nachricht durch einen in Marienwerder zurück gebliebenen Sergeant Zaschky von der 3^n Komp. im Regiment Low erhalten hatte sowie auch der Rest des Chevauxlegers Regiment Prinz Johann zu Marienwerder zurückgehalten wurden und nicht mit nach Crossen dirigiert waren, so begab ich mich zum Herrn Marschall Victor, um diese wo möglich nach der mündlichen Erlaubnis Sr. Majestät des Königs von Neapel nach

Warschau zu dirigieren. Allein nachdem ich dem Chef d'Etat Major des Hern Marschall Victor von meinem Verlangen unterrichtet hatte, erhielt ich zum Bescheid, dass wenn ich nicht eine schriftliche Order aufweisen könne, weder der Rest des Regiments Prinz Johann noch der der Infanterie von Rechten und Low vom Korps des Herrn Marschall Victor entlassen werden könne.

Täglich suchte ich Nachrichten über den Zustand der Infanterie einzuziehen und vergebens wartete ich auf einzelne Leute oder Offiziers, die daselbst ankommen sollten, um durch diese einige Auskunft zu erlangen.

Ich erfuhr jedoch endlich bei diesen Nachforschungen, dass der Herr Major Ziegler vom Regiment Prinz Albrecht einige Nachricht über den Zustand gedachter Infanterie Regimenter wisse und durch diesen gelangte ich zu folgenden Nachrichten hierüber.

Ein Bergscher Capitain, welcher zu Marienwerder mit dem Herrn Major Ziegler im Quartier gestanden, habe ihm erzählt, die beiden Regimenter Rechten und Low hätten nebst zwei Bergschen Regimentern, bei welchem einen obgedachter Captain gedient und Augenzeuge gewesen sei, am 28^n November diesseits der Pereschina bei Porosow in Position gestanden, um der Arriergarde zum Repli zu dienen. Die 4 Regimenter hätten hierauf den Befehl erhalten, wieder über die Pereschina zurück zu gehen, um die Arriergarde, welche vom Feind gedrängt wurde, zu unterstützen. Allein ein russisches Korps, welches sich bereits zwischen die Pereschina und die Arriergarde geworfen gehabt, hätte es den 4

Regimentern ohnmöglich gemacht, sich mit der Arriergarde zu vereinigen. Lange hätten sie den Feind, jedoch mit großer Aufopferung an Mannschaft, zurück gehalten, wären aber zuletzt genötigt gewesen, wieder über die Pereschina zurück zu gehen, wo sie auf einer Anhöhe jenseits derselben eine Position genommen hätten; hierauf sei die Brücke über die Pereschina sogleich abgebrochen worden. Bei dieser Gelegenheit nun sei auch das Chevauxlegers Regiment Prinz Johann nebst einem Badischen Husaren Regiment und noch 2 anderen Kavallerie Regimentern abgeschnitten und jenseits der Pereschina zu Gefangenen gemacht worden. An dem darauf folgenden Tage wären die 4 Regimenter Infanterie links und rechts der Straße wieder aufgestellt gewesen; bald hierauf habe sie der Feind wieder mit Heftigkeit angegriffen, deshalb die sächsischen Regimenter Quarrées formiert hätten; allein da der Feind diese Quarrées durch eine reitende Batterie mit Kartätschen beschiessen lassen, habe er endlich die Reste dieser Infanterie in Unordnung gebracht und alles sei zersprengt und größtenteils vom Feind gefangen worden.

Nach diesen Nachrichten hielt ich meine längere Anwesenheit zu Marienwerder für überflüssig, ich reiste deshalb den 30n nach Graudenz ab, um dort aufs Neue Erkundigungen einzuziehen. Allein auch hier fand ich nichts von den sächsischen Truppen, ausgenommen den Herrn Oberstleutnant von Polenz und den Hauptmann Hartitzsch vom Regiment Low, ersteren bedeutend krank und letzterer litt an erfrorenen Füßen. Ich hörte auch von ihnen nur die Bestätigung, dass alles zersprengt und gefangen sei, obschon ich über das Detail keine genaue

Auskunft von ihnen erhalten konnte, da sie Krankheits halber beide schon früher vom Regiment abgekommen waren.

Mit der Hoffnung vielleicht noch etwas in Thorn zu erfahren, reiste ich noch dieselbe Nacht dahin ab. Aber auch hier waren alle Nachforschungen vergebens und keine Spur von sächsischen Truppen war daselbst mehr zu finden. Ich setzte daher meine Reise gerade nach Warschau fort und ging von da in das Hauptquartier nach Okuniew, wo ich am 3^n Abends eintraf.

Meiner Pflicht gemäß wollte ich am nämlichen Abend mit dem Herrn Oberstleutnant von Nehrhof zu Ew. Hoch und Wohlgeboren abreisen, um den Rapport des Herrn Obersten Lessing selbst zu überbringen. Allein der Ankunft des Herrn General Reynier wegen wurde ich wahrscheinlich im Hauptquartier zurück gehalten. Ich ersuchte deshalb den Herrn Oberstleutnant Nehrhof, diesen Rapport sogleich an Ew. Hoch und Wohlgeboren mitzunehmen, während ich mich bestimmte den meinigen Ew. Hoch und Wohlgeboren selbst zu überreichen die Gnade zu haben, wovon mich nun aber meine Gesundheit bis jetzt abgehalten hat.

Ich rechne daher der Verspätigung meines Rapports wegen auf Ew. Hoch und Wohlgeboren besondere gnädige Nachsicht, da nicht Nachlässigkeit sondern Krankheit mich von meiner Pflicht bis heute zurück gehalten hat.

Warschau den 9^n Januar 1813

Carl Heinrich Rouvroy
Capitaine

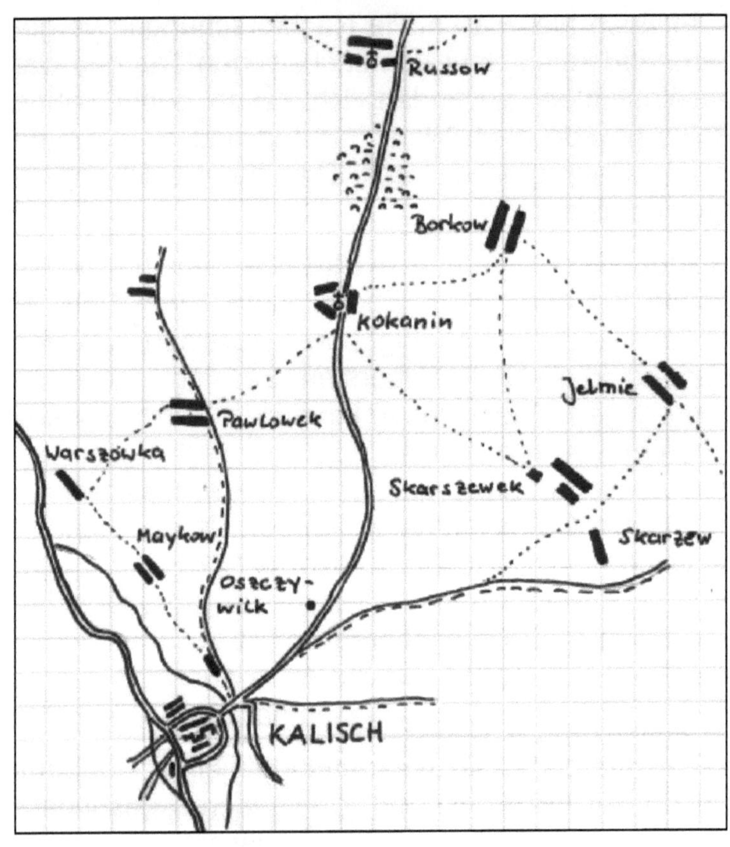

Abb. 02   Kalisch und weitere Umgebung

Rapport Generalmajor von Gablenz mit Journal der Avantgarde

An den kommandierenden
Herrn Generalleutnant
Edlen von Lecoq
Hochwohlgebr:

Ganz gehorsamster Rapport

Ew. Hochwohlgebr. habe ich die Ehre mitfolgend einen Auszug aus dem Journal der Avantgarde zu übersenden.

Das ich dieser Pflicht mich nicht schon früher entledigte lag in der Eilfertigkeit, mit welcher ich den Major von Watzdorf abgehen ließ und in der gewissen Hoffnung , dass Ew. Hochwohlgebr. durch den General Major von Langenau jene Meldungen auf dem schnellsten Wege erhalten würden.

Es würde mir sehr schmerzlich sein, wenn Dieselben mir zutrauen könnten, dass ich die für mich so glücklichen Verhältnisse, in welchen ich zu Ew. Hochwohlgebr. stehe, jemals außer Acht lassen könnte und wenn Ew. Hochwohlgebr. einige geneigte Rücksicht auf die anhaltenden Fatiquen nehmen, die ich mit der Avantgarde in jenen Tagen getragen mussten, so werden dieselben mir einige gute Nachsicht nicht versagen.

Glauben Ew. Hochwohlgebr. meiner aufrichtigen Versicherung, dass in jeden Tage des Lebens ich das Angenehme im hohen Grade fühle, unter Dero Befehlen stehen zu dürfen.

Die Anzeige der nach Sachsen gesandten Offiziers von Ew. Hochw. Regiment verfehle ich nicht gehorsamst beizulegen, von den andern Regimentern kann ich es noch nicht, indem die Kürze der Zeit mir jede Rücksprache mit den Kommandeurs unmöglich macht. Doch werde ich Dero Befehl zufolge die bei der Kavallerie zu entbehrenden Offiziers gleichfalls ohne Anstand abgehen lassen.

Freilich wird das mir überschickte Geldquantum durch die, jenen Offiziers unumgänglichen nötigen Vorschüsse sehr schmelzen und hat mir der Oberst Leutnant v.Brause angezeigt, dass er zur Reise für sich und seine Offiziers allein 300 Tlr. bedürfe. Ich werde die Möglichkeit versuchen, in Krakau Geld zu negoziieren, doch ist der Erfolg freilich noch ungewiss.

Was den Leutnant Grafen von Holzendorff betrifft, so ist selbiger, meinen Nachrichten zufolge, am 13ten d.M., als er von Kalisch zum Regiment auf dem Wege gewesen, in die Affaire des Regimentes Polenz verwickelt worden, soll sich aber nach Kalisch gerettet haben.

Schließlich sehe ich mich genötigt, Ew. Hochwohlg. ganz gehorsamst anzuzeigen, dass die Zahl der Kranken mit jeden Tag zunimmt und da man mir österreichischer Seite noch keinen Ort, wohin sie gebracht werden könnten, angegeben hat, ich sehr besorgt um selbige bin. Ew. Hochw. können sich überzeugt halten, dass ich alles mögliche anwenden werde, um für diese armen Menschen Sorge zu tragen, doch wird freilich auch hierzu Geld nötig sein.

Marschquartier Minoga am 26ten Februar 1813

Heinrich Adolf von Gablenz

Auszug aus den Journal der Avantgarde des 7ten Armee Korps unter Kommando des

General Major von Gablenz

Den 11ten Februar 1813

Die Avantgarde war heute folgendergestalt delogiert

In Grzymiszew und Zmilkow zur Deckung der Straße von Rosterschitz und Tuliszkowo das Regiment Polenz

In Wronze das Regiment Husaren

In Turek die reitende Batterie und das 1ste leichte Regiment

In Sadow, Zucki pp. der Oberst von Zawadski mit den polnischen Ulanen und Kosaken

In Przykuna der Major Cailhasson mit einem Bataillon Franzosen und einem Detachement Polen

Die Polen in Sadow pp. deckten die Straße von Zrudzewo, die Franzosen die von Uniejow.

Nachmittag griff der Feind die Vorposten unter dem Leutn. von Ende bei Kalinowa an und drängte sie bis gegen Sadow zurück. Ein gleiches geschah mit der Feldwache des Major Cailhasson gegen Uniejow,

Abends versuchten - nach Aussage eines Gefangenen - 2 Eskadrons Husaren und 2 Eskasdrons Ulanen von der Avantgarde des General Knorring einen tollkühnen Angriff auf Turek. Ohne auf das Feuer der vorgeschobenen Posten Rücksicht zu nehmen attackierten sie den, durch die Division des

Capitain von Schlegel vom 1sten leichten Regiment verteidigten Eingang gegen Rosterschitze mit einer solchen Heftigkeit, dass ohne die zweckmäßigen Anstalten des Oberst Leutnant von Brause und die anerkannte Tapferkeit der leichten Infanterie, dieser Angriff schwerlich würde abgewiesen worden sein.

Noch zweimal wiederholte der Feind diesen Versuch, doch ohne Erfolg und mit Verlust mehreren Toten und Gefangenen.

Gleichzeitig mit dem Angriff auf Turek unternahm eine feindliche Kavallerie Abteilung einen Überfall gegen das Regiment Polenz. Es gelang diesem jedoch, seinen Posten zu behaupten.

Hart vor Turek setzte die daselbst zurückgewiesene Kavallerie ihre Vedetten aus. Da alle diese Angriffe Rekognoszierungen zu sein schienen und ein ernsteres Vordringen des Feindes morgen zu erwarten stand, so fand ich nötig, mich zu konzentrieren und

den 12ten Februar

früh 6 Uhr nach Malanow zurückzugehen. Von dem General en Chef, dem ich von dieser Bewegung Meldung überschickte, erhielt ich, noch ehe er meinen Rapport erhalten hatte, unterwegs Befehl dazu. Dziadowice und Dzierbyn, welche ich diesen Befehl nach besetzen sollte, konnten aber, da der Feind so stark patrouilliert hatte, auch nur von mir patrouilliert werden.

Der Feind hatte nach meinem Abmarsch Turek besetzt und meiner Arrieregarde einige hundert Pferde nachgesendet. Diese griffen nachmittags den in Grombkow vorgeschobenen Posten des

Captain Schneider vom 1ˢᵗᵉⁿ leichten Regiment an, zogen sich aber, da sie ernsthaften Widerstand fanden, wieder zurück.

Meine Patrouillen sowohl als auch Reisende brachten mir die Nachricht, dass Rosterschitz, Richwal und die dortige Gegend stark mit Kavallerie, letzterer Ort auch mit Infanterie besetzt sei.

Den 13ten Februar

früh 1 Uhr brach ich, erhaltenen Befehl zu Folge von Malanow auf und marschiert nach Zelaskow und Zborow. Die nahe liegenden Dörfer waren sämtlich von Kosaken besetzt, die sich bei meiner Annäherung aus ihnen weg und nach Tykadlow zogen.

Der Feind zeigte an diesem Orte viel Kavallerie und ich, der ich dieses Dorf erst hatte besetzen wollen, musste mich begnügen, meine Vorposten den seinen gegenüber zwischen jenem Dorfe und Zelaskow aufzustellen. Die feindliche Kavallerie demonstrierte den ganzen Vormittag und erhielt mich in steter Aufmerksamkeit. Mittags erhielt ich Befehl, das Regiment Polenz und 2 Kompanien polnischer Kosaken unter dem Obersten von Hann zu dem kommandierenden Generalleutnant von Lecoq nach Kokanin zu detachieren.

Diese Abteilung war noch nicht lange fort, als man Kanonenschüsse hörte und der erwähnte Oberst mir melden ließ, dass bedeutende Kolonnen aller Waffenarten gegen Kokanin in Anmarsch wären. So gleich brach ich auf und schlug den Weg über Jelmie auf das mir angegebene Repli - die Brigade Maury in Skarzew - ein. Ein mit einer Meldung auf dem geraden Wege nach Kalisch abgesendeter

Wachtmeister hatte, da dieser Weg bereits vom Feinde besetzt gewesen war, nicht mehr durch gekonnt. Das Regiment Polenz fand ich in Skarzew. Es war unweit Borkow von einer ihm 6mal überlegenen Kavallerie angegriffen und bis hierher zurück geworfen worden, in dem Augenblick als es, schon nicht mehr fern von Kokanin, sich mit dem kommandierenden Gen.Leutn. von Lecoq zu vereinigen geglaubt hatte.

Der brave Oberst von Hann, die Möglichkeit jener Vereinigung versuchend, ward als ein Opfer seines Eifers nebst dem Kapitän von Bose und von Kühn gefangen. Das Regiment verlor an Toten, Blessierten und Gefangenen 60 Mann.

Da der Feind von Tykadlow nur wenig nachschickte und seine ganze Force gegen Kalisch dirigierte, sich auch das Feuer seinerseits links herüberzog, so glaubte ich keine Zeit verlieren zu müssen, um auf dem einzigen mir anscheinend noch offenen Wege, Kalisch zu erreichen und ging deshalb vereint mit der Brigade Maury ohne Aufenthalt über Rozdzialy nach Tlokinia. Der Leutn. Reichard vom Regiment Husaren, den ich von hier aus an den General en Chef sendete, hatte, da überall, wo er zurück gewollt, die Kommunikation vom Feinde unterbrochen gewesen war, es nicht möglich machen können, mir Befehle zurück zu bringen.

Vor dem Defilée vor Winiari warf sich eine feindliche Abteilung von etwa 4 Eskadrons auf die rechte Flanke meiner Kolonne, erneuerte aber, nachdem sie einige Mann verloren, diesen Angriff nicht. Es fing schon an dämmrig zu werden und da meine Avantgarde jenseits Winiari auf den Feind stieß, die

Höhe über diesem Orte, soweit man unterscheiden konnte und der dortige Edelmann angab, mit starken Kavallerie Linien besetzt war, die an den Windmühlen aufgestellten russischen Piecen den Weg bestrichen, welchen ich nehmen musste und das Feuer von unserer Seite gegen die feindliche Aufstellung sich zu entfernen schien, so glaubte ich, wollte ich nicht einen großen Teil der mir untergebenen Truppen opfern, die Vereinigung mit dem Korps auf diesem Wege nicht mehr möglich machen zu können und entschloß mich, weiter oberwärts über die Prosna zu gehen, um dann vielleicht, wenn auch später, mich an das Korps wieder anzuschließen. Die Brigade Maury hatte sich in Tlokinia, woselbst die Artillerie einen steilen Berg passieren musste, etwas lange verhalten und war nebst dem Obersten v.Zawadzki, welcher ihre Arrieregarde bildete, noch nicht heran, als ich mich bestimmt hatte, von Winiari seitwärts zu gehen. Ein franz. Offizier, welchen ich hinschickte, um sie mir nachzuführen, kehrte zurück und versicherte, sie nicht gefunden zu haben. Später soll es ihr geglückt sein, über Kalisch das Korps zu erreichen.

Unter Leitung eines polnischen Offiziers, welcher in dieser Gegend bekannt war, versuchte ich mich nach Ollabok zu dirigieren, als die bei Trojanow stark angeschwollene Bzura mir den Übergang daselbst unmöglich und nach mehreren eingezogenen Erkundigungen den Umweg über Opatowek nötig machte. Hier erhielt ich die Bestätigung, dass erst bei Brzezini die Bzura zu passieren sei und bis dahin alle Übergänge für Geschütz und Infanterie nicht praktikabel wären.

Nach einem anhaltenden Marsch von 14 Stunden, welcher teils durch das ausgetretene Wasser, teils durch das halb mürbe Eis und überhaupt durch ungebahnte Wege die Kräfte der Infanterie aufzehrte, erreichte ich

den 14ten Februar

früh gegen 2 Uhr Brzeziny und passierte daselbst die Bzura. Nach einer 3stündigen Ruhe brach ich um 5 Uhr wieder auf und marschierte, um den ganz ermüdeten Truppen jedes mögliche Engagement mit dem Feinde zu ersparen, nicht auf Ollabok sondern über die Prosna nach Grabow. Hier erhielt ich die erste Nachricht vom Korps, welches gestern gegen Ostrowo zurückgegangen sein sollte. Den Major von Watzdorf sendete ich ab es aufzusuchen. Nach einem Halt von einigen Stunden verfolgte ich meinen Weg heute bis Schildberg. Es gingen hier Nachrichten ein, dass Ostrow schon in feindlichen Händen, auch Grabow nach meinem Abgang patrouilliert worden sei.

Den 15ten Februar

Um die Vereinigung mit dem Korps auf irgend einem Wege zu bewerkstelligen, brach ich heute früh nach Chyslniow auf. Es blieben nur hier die Wege über Mittelwalde um früher oder über Wartenberg um später zum Korps zu stoßen. Von einer Neutralität Schlesiens war mir nichts bekannt. Da nun, dass der Major von Watzdorf bei guter Zeit wieder da sein konnte, so war ich bestimmt die Befehle des General en Chef durch ihn abzuwarten, ehe ich meinen Marsch wieder fortsetzte. Mittags traf der Major ein mit dem Befehl, das preußische Territorium nicht zu verletzen und mich, wenn mir der Weg zum Korps auf diesseitigem Boden abgeschnitten sei, an den Fürsten Poniatowski in Sokolniki und später an das österr. Korps in Radomsk anzuschließen. Ich marschierte deshalb heut noch bis Kempen. Der Weg war unbeschreiblich schlecht, die Infanterie musste bis an den halben Leib an mehreren Stellen im Wasser gehen und ich brachte über die 4 Stunden fast 7 zu. Es gingen sichere Nachrichten ein, dass Grabow stark, Schildberg schwächer von feindlicher Kavallerie besetzt sei. Major von Watzdorf ging zu dem Prinzen Poniatowski ab, um ihn mit meinem, vom General en Chef erhaltenen Befehl bekannt zu machen.

Den 16ten Februar

Es musste dem Feinde, wenn er von der Direktion meiner Kolonne Nachrichten erhielt, leicht sein, über Wieruszow nach Boleslawice früher zu kommen, als ich es im Stande gewesen wäre, um mir dort den Übergang über die Prosna streitig zu machen, deshalb brach ich früh 5 Uhr von Kempen auf, ließ während eines Halts von 2 Stunden in Boleslawice die Brücke ruinieren und rückte Abends 9 Uhr in Prauska ein. Dieser Marsch gehörte zu denen, die die größte Anstrengung erforderten, denn der grundlose Weg und die Überschwemmungen fatiquierten Menschen und Pferde auf eine undenkliche Weise. Bei alle diesem verloren die Truppen ihren guten Mut nicht, wurden dafür aber auch durch die herzlichste Aufnahme in jenen Grenzorten belohnt.

Den 17ten Februar

Die hier eingehenden Nachrichten schienen zu bestätigen, dass besonders von Grabow aus der Feind sich gegen mich dirigiere. Auch hatte er bereits gestern bis Wielun Patrouillen geschickt. Der Fürst Poniatowski war, nach einer Meldung des Major von Watzdorf, schon in Czenstochau. Es lag alles daran, den Pass von Krzepice vor der möglichen Ankunft des Feindes zu gewinnen und ich brach deshalb früh 4 Uhr von Prauska auf. Vor Krzepice fand ich die ersten polnischen Vorposten. Nach einigen Stunden Ruhe daselbst setzte ich meinen Marsch heute bis Klobucko fort. Der Fürst Joseph versicherte mir schriftlich seine Bereitwilligkeit, mich mit denen mir untergebenen Truppen auf zu nehmen.

Den 18ten Februar

Marsch nach Czenstochau. Teils in, teils in der Nähe des Ortes einquartiert. Das polnische Hauptquartier war noch hier. Ich meldete mich bei dem Fürsten Joseph und hörte von ihm, dass er morgen gegen Krakau abmarschieren werde. Er schlägt die Straße über Olsztyn und Janow ein. Vergebens bemühte ich mich für meine Truppen Verpflegung zu erlangen, die Kommandierten wurden von Einem zu dem Andern geschickt und bekamen - Nichts.

Alle Nachrichten zu Folge sollten die Österreicher gestern noch in Petrikau, Radomsk gestanden haben, ich schickte dem Befehle des General en Chef, Grafen Reynier, zu Folge einen Offizier nach Konskie ab und meldete dem General Frimont mein Eintreffen allhier sowie, dass, da ich Befehl erhalten hätte, zu dem ihm untergebenen Korps zu stoßen, ich entweder durch den rückkehrenden Offizier oder in Koniecpol seiner weiteren Bestimmung über mich gewärtig sein würde.

Ich hatte die Direktion auf Koniespol gewählt, weil während des Marsches dorthin, mein Rücken von den Polen, meine linke Flanke durch die Österreicher gedeckt ist, übrigens nach der heute gemachten Erfahrung, ich an der Möglichkeit Subsistenz für meine Truppen zu erlangen, sobald ich einen Weg mit den Polen einschlagen wollte, verzweifelte.

Den 19ten Februar

Früh 7 Uhr aufgebrochen, bei Mstow die Warta passiert und im Kloster Anna in und um Przirow eingerückt. Das anhaltende Tauwetter verdirbt die Wege sehr und die Menge zusammen gelaufener Wasser und ausgetretener Bäche fatiquierten vorzüglich die Infanterie unbeschreiblich.

Den 20ten Februar

Leutnant Reichard traf mit der Antwort des Feldmarschall Leutnant Frimont ein. Selbiger verspricht die beste Aufnahme und erteilt mir folgende Direktiven: den 21ten und 22ten d.M. Ruhetage zwischen Koniecpol und Siecemin, den 23ten in die Gegend Sciekocini, den 24ten Zarnowiec, den 25ten Golcza, den 26ten Iwanowice, den 27ten Proczowice. Ich brach um 7 Uhr auf und ging bis Koniecpol und Krzostow. Während des gestrigen Tages hat sich der größere Teil der zurück gebliebenen maroden Infanteristen wieder eingefunden. 2 Offiziers, jeden mit 18 Pferden, ließ ich im Kloster St. Anna und auf der Straße nach Plawno - letzteren um die Verbindung mit den Österreichern zu suchen - zurück.

Den 21ten Februar

Rast. Ich sendete den Major von Watzdorf ins Hauptquartier des General en Chef, Grafen Reynier, sowie den Leutnant Liebeskind ins österr. Hauptquartier, um die von dort an mich gesendeten Befehle gleich zu expedieren.

Den 22ten Februar

Nochmaliger Rasttag. Der General Fröhlich ließ mir durch einen Offizier seine Teilnahme an der gelungenen Verbindung mit dem Österr. Korps versichern.

Den 23ten Februar

Aufgebrochen, die Pelica passiert und nach Sciekocini und Gegend marschiert.

Den 24ten Februar

Bei Sciekocini sowohl als auch bei Zarnowici die Pelica zum 2ten und 3ten Mal überschritten und im letzteren Orte Marschquartier bezogen.

Den 25ten Februar

Marsch in die Gegend von Golcza. Der Weg war durch das österr. Geschütz, welches diese Straße gegen Krakau einzuschlagen hatte, grundlos, zumal da das bisherige ebene Terrain ganz aufgehört hatte und eine Anhöhe auf die andere folgte.

Spät erst konnten die Kranken der Regimenter, die sich täglich mehren, ihr Quartier erreichen. Überdies war alles auf der Straße nach Krakau von österr. Parks und Depots belegt und diese machten mir eine weitläufigere Delegierung nötig, die freilich bei dem schlechten Wege um so unangenehmer war. Ich lag heute mit dem schreibenden Hauptquartier des österr. Korps zusammen. Das Hauptquartier des General Frimont war in Miechow.

Den 26ten Februar

Hierauf folgender Marsch in die Gegend von Zwanowice war dem geistigen Tage gleich. Der Leutnant von Schorlemmer, als Kurier vom Hauptquartier abgeschickt, traf mich Mittags in Zwanowice

———

Effektiver Bestand der Avantgarde des 7ten Armee Korps am 26ten Februar 1813

Regiment Polenz chev.leg. und Det. Kürassiers

2 Majors	
1 Adjutant	
1 Rittmeister	
2 Prem.Leutn.	
6 Sousleutn.	
- Wachtmeister	1 Pferd
3 Fahnjunker	3 ″
10 Korporals	11 ″
5 Trompeter	5 ″
134 Gemeine	145 ″
Überdies	
2 Fouriers inkl. 1 v.Hus.Rgt.	2 ″
1 Chirurg	1 ″
1 Sattler	1 ″
5 Schmiede	5 ″
1 Wachtmeister	krank
1 Korporal	krank
186 Mann	**214 Pferde**

Regiment Husaren

1 Oberst		
1 Adjutant		
4 Rittmeister		
- Prem.Leutn.		
9 Sousleutn.		
2 Prem. Wachtmeister	2 Pferde	
2 Second Wachtmeister	2 ˝	
1 Estandartjunker	2 ˝	
24 Korporal	28 ˝	
5 Trompeter	6 ˝	
76 Husaren	85 ˝	

Überdies

1 Stabs Sekretär	1 ˝	
2 Fouriers	2 ˝	
2 Sattler	1 ˝	
2 Schmiede	2 ˝	
1 Fourier (komm. bei Polenz)	1 ˝	
Leutn. v.Naundorff	krank	
7 Unteroffiziers	krank	
10 Husaren	krank	
1 Husar (vermisst)	1 Pferd	
(krepiert)	1 ˝	

154 Mann	135 Pferde

<u>1tes leichtes Regiment</u>

- 1 Oberstleutnant
- 1 Major
- 2 Adjutanten
- 3 Capitaines inkl. 1 charakt. Major
- 3 Prem.leutn.
- 7 Sousleutn.
- 4 Feldwebel
- 1 Chirurg
- 4 Hornisten
- 4 Tambours
- 4 Zimmerleute

347 Schützen inkl.   26 Kranke
                           10 beim Batl. Komdt.
                           <u>20 Ordonnanz u. Off.bursch.</u>

409 Mann

Überdies

- 1 Korporal   vom Batl. Liebenau
- 1 Tambour
- 4 Schützen
- 1 Korporal   vom 2ten leichten Regiment
- <u>12 Schützen</u>

19 Mann

Artillerie und Train

1 Capitaine	
1 Premleutn.	
2 Sousleutn.	
1 Fourier	1 Pferd
1 Chirurg	1 ″
1 Feuerwerker	1 ″
1 Sergeant	1 ″
4 Korporals	4 ″
59 Kanoniere u. Trainsoldaten	96 ″ inkl. 46 Zugpferde
2 Trompeter	2 ″
1 Sattler	
1 Schmied	1 ″
1 Ouvrier	
9 Schützen	18 Zugpferde
85 Mann	137 Pferde

Bataillon Cailhasson

1 Major

1 Adjutant major

3 Capiatines

3 Lieutenants

4 Souslieutenants

205 Unteroffiziers und Gemeine

217 Mann

Anzeige der Herren Offiziers, welche beim Korps des Herrn General Major von Gablenz verbleiben sollen

Major von Beeren

Adjutant von Gablenz

char. Major von Bülow

Capitaine von Schlegel

Premleutn. EinWald

      v.Kaufberg

      Barthel

Sousleutn. v.Sichardt

      v.Koppenfels

      v.Einsiedel

      v.Schimpf

      v.Wedel

<u>Zum Gang nach Sachsen sind dagegen ausgesetzt</u>

Oberstleutn. v.Brause

Adjutant v.Staff

Capitaine Schneider

Sousleutn. v.Keller

      Nix

Sigl. den 26ten Febr. 1813

          Friedrich von Brause
          Oberst Leutn.

Rapport Generalmajor von Nostitz

An den kommandierenden
Herrn General Leutn. von Lecoq
Hochwohlgebr.

Ganz gehorsamster Rapport

Ew. Hochohlgebr. von meinem unglücklichen Schicksal Nachricht zu geben, eile ich denenselben Folgendes ganz gehorsamst zu melden.

Sowie der Oberste von Hann mit dem Regimente Polenz und einer Abteilung polnischer Kosaken sich den von mir besetzten Dorfe Borow näherte, ritt ich ihm entgegen, um mit demselben den anbefohlenen Angriff auf Russow zu verabreden.

Ob nun der Oberste von Hann das Debouchieren sehr starker feindlicher Kolonnen jenseits des Waldes von Russow bemerkt haben wollte, so setzte derselbe seinen Weg auf Kokanin eiligst fort. Kaum aber war dieser einige 100 Schritt über Borrow nach Kokanin hinaus, so kam eine starke feindliche Kavallerie Kolonne von der Straße her, die von Russow über Kokanin nach Kalisch führt und warf den Obersten von Hann nach Jelmie zurück.

Dieser feindlichen Kavallerie Kolonne folgten mehrere und in einiger Entfernung auch Infanterie und Artillerie.

Sowohl von Kokanin als auch von Jelmie gänzlich abgeschnitten blieb mir nichts weiter übrig, als mich auf meine eigene Verteidigung zu beschränken: ich ließ daher die beiden Kanonen an dem Ausgang des Orts gegen Kokanin zu auffahren, beschoss damit nicht ohne Erfolg die feindlichen Kolonnen und besetzte das Dorf mit den noch bei mir habenden 4 Kompanien von Anton, mit welchen sich auch gleich darauf die beiden Kompanien vereinigten, welche im Holze aufgeteilt waren und bei dem Durchbruch der feindlichen Kolonnen nur mit Mühe das Dorf erreichen konnten.

Was meine unglückliche Lage noch vermehrte war, dass die Pferde mit den Protzen von beiden Kanonen auf den ersten Schuss durchgingen, wo durch ich nun solche - bei der ohnedies ganz geschwächten Bedienung - nicht weiter von dieser Stelle bringen konnte. Ich ließ noch einige Schuss daraus tun, wozu die Patronen aus den Munitions Wagen genommen wurden und musste solche so dann verlassen.

Während dessen hatte die feindliche Kavallerie das Dorf völlig eingeschlossen, ohne jedoch auf irgend einer Seite einen ernstlichen Angriff zu machen; sie entsendeten einen Parlamentär an mich, welcher zum kapitulieren aufforderte.

Da ich in der Meinung war, dass vielleicht der General Gablenz in der Nähe sein und zu meiner Unterstützung herbei kommen könnte, schlug ich die Kapitulation aus. Von der guten Stimmung sämtlicher Offiziere und Mannschaften durfte ich hoffen, unter Begünstigung der sich darbietenden Terrain Gegenstände die, ob wohl mehr als 10mal überlegene, sehr schöne Kavallerie eine Zeit lang abzuhalten.

Der Feind fuhr fort mich zu verschiedenen Malen zur Kapitulation aufzufordern und nachdem endlich auch die Infanterie und Artillerie sich näherte und ich die Unmöglichkeit einsah, mich länger zu halten, ergab ich mich mit 19 Offizieren, 300 Mann nebst 2 Kanonen und 1 Fahne zu Gefangenen.

Ich ward zum General Winzingerode aufs Schlachtfeld gebracht und von da mit sämtlichen übrigen Offizieren nach Staweczyn.

So unglücklich unser Schicksal ist; so kann ich doch nicht unbemerkt lassen, dass man uns so behandelt wie es sich's nur von edlen und rechtlichen Männern erwarten lässt: dies und das Bewusstsein, nicht verabsäumt zu haben, was dieses unglückliche Ereignis hätte abwenden können, ist mein Trost und einzige Beruhigung.

Unter den hier verzeichneten gefangenen Offiziers befindet sich keiner blessiert.

Staweczin am 15ten Febr. 1813

Karl von Nostitz
Gen. major

Inserat

Bei meiner Ankunft hier in Kalisch traf ich den Major von Wurmb, von welchen ich nur kürzlich soviel erfahren, dass derselbe nach einiger Gegenwehr sich auf die am Kirchhof aufgestellte Grenadiers Kompanie repliiert hat, dort aber sogleich von allen Seiten umringt und nebst dieser Grenadiers Kompanie, welche nicht einmal hat zum Schuss kommen können, gefangen genommen worden. An Toten und Blessierten hat das Regiment Anton 1 Unteroff. und 8 - 10 Mann, worunter kein Offizier ist.

Kalisch am 16ten Febr. 1813   Karl von Nostitz

[80]

Rapport Oberst von Hann, Regiment Polenz

An Sr. Hochwohlgebr.
dem kommandierenden Herrn
General Leutnant Edlen von Lecoq

Gehorsamster Rapport

Da ich dem am 14. Febr.[5] dieses erhaltenen Befehl gemäß mich mit dem Regim. v.Polenz zu Ew. Hochwohlgebr: nach Kokani begeben wollte, ich auch diesen Befehl, wie sich Dieselben persönlich überzeugt haben werden, nach allen meinen Kräften aus zu führen mich bemühte; so wurde ich von einer wohl zehnmal überlegenen Kavallerie angegriffen, geworfen und geriet, nachdem ich mit drei Lanzenstichen samt meinem Pferd umgeworfen wurde, in Gefangenschaft. Gleiches Schicksal erlitten die beiden Capitaines v.Kühn und v.Bose, dergleichen der Regiments Chirurgus Engel, der Stabs Sekretär Petri, der Rossarzt Salzmann und mehrere Unt.Off. und Gemeine, deren Zahl ich nicht bestimmen kann.

Trotz der edlen Aufnahme Sr. Exzellenz des komm. Herrn General Leutnants von Winzingerode von welchen sowohl als wir vom sämtlichen Russ. Kaiserl. Herrn Offiziers wir mit der größten Achtung behandelt worden sind, ist mein und meiner oben angeführten Offiziers so äußerst traurig, aus diesen Gründen: da ich mit drei Lanzenstichen nicht gefährlich, der Hauptmann v.Bose mit mehreren dergleichen sehr gefährlich, der Cap. Kühn mit

---

[5] müsste sicher 13. Februar heißen

einigen nicht gefährlich, wir uns alle ohne Bekleidung und Geld und Geld krank hier befinden. Der Regim. Chirurgus Engel ist gesund, der Sekretär Petri hat einen gefährlichen Schuss im Bein und mehrere Hiebe im Arm, auch der Rossarzt ist hart verwundet. Unter den Unt.Off. und Gemeinen sind viele schwer verwundet.

Da mir nichts als mein Nacht Kamisol, ein paar Unterkleider und Stiefeln übrig geblieben sind, so bitte ich Hoch Dieselben ganz gehorsamst, mir doch etwas Geld mit rückkehrender Gelegenheit zu übersenden, damit ich im Stande bin, mir und meinen Offiziers das allen Dringendste anzuschaffen.

Sollte etwas von meiner Equipage gerettet sein, so weiß mein Diener Harnisch, wo mein weniges Geld ist, ich würde dann bitten, mir solches hierher, meinen Diener Harnisch aber mit aller etwa noch geretteten Equipage und Pferden nach Sachsen an meine Frau gütigst zu schicken.

Ich finde mich wiederholend veranlasst, dass ausgezeichnet gütige Benehmen des komm. Herrn Generals und sämtlicher Russ. Kaiserl. Herrn Offiziers gegen uns alle auf das aufrichtigste zu loben und fühle mich sehr beruhigt, unter dieser huldvollen Aufnahme mein Schicksal ertragen zu sollen.

Kalisch den 16. Februar 1813

Joseph von Hann
Oberster

<u>Verzeichnis der sächsischen Offiziere</u>

Angermann, Carl Heinrich / Capt. 21.09.1809 / Rgt. Friedrich

Barthel, Carl Adolf L. / Pltn. 09.10.1809 / 1.leicht. Rgt.

Beeren, Carl Ant. E. v. / Major 14.06.1811 / 1.leicht. Rgt.

Bose, Ernst Glob J. v. / Capt. 30.07.1807 / Rgt. Polenz

Brandenstein, Ernst Friedr. v. / Major 29.11.1810 / Rgt. Garde du Corps

Brause, Friedr. Aug. Wilh. v. / OSL 29.10.1812 / 1.leicht. Rgt.

Bülow, Ernst Heinr. v. / Major 30.10.1812 / 1.leicht. Rgt.

Eckhardt, Glob Ernst / Sltn. 22.03.1810 / reit. Artillerie

EinWald, Carl Ctian A. / Capt. 02.03.1813 / 1.leicht. Rgt.

Einsiedel, Alexander v. / Sltn. 26.04.1810 / 1.leicht. Rgt.

Ende, Wilhelm v. / Sltn. 29.12.1809 / Husaren Rgt.

Gablenz, Heinrich Adolph v. / Gen.maj. 17.06.1812

Geibler, Gideon Carl Caspar / Capt., 22.06.1811 / Rgt. Anton

Götz, Carl Friedr. Max. / Capt. 24.06.1811 / Rgt. Anton, Brigadeadjutant

Hann, Joh. Joseph v. / Oberst 11.05.1811 / Rgt. Polenz

Hartitzsch, Siegmund Heinr. v. / Capt. 28.04.1808 / Rgt. Low

Heldreich, Friedr. Ernst Glob v. / Major 03.02.1813 / Rgt. Garde du Corps

Hiller, Carl Fr. Fhr.v. / Major 03.01.1813 / reit. Artillerie

Hörnig, Carl Ctian / Sltn. 23.03.1810 / reit. Artillerie

Holtzendorff, Albrecht Ernst Graf v. / Sltn. 02.10.1809 / 1.leicht. Rgt.

Kaufberg, Ludw. Günth. v. / Pltn. 08.10.1809 / 1.leicht. Rgt.

Keller, Carl Friedr. Aug. / Sltn. 06.10.1809 / 1.leicht. Rgt.

Kirchbach, Hanns Glob v. / Capt. 06.02.1813 / Rgt. Zastrow

Klinkowström, Carl Friedr. Philipp Aug. v. / Rittmstr., 21.06.1811 / Rgt. Zastrow

Koppenfels, Theodor v. / Sltn. 01.10.1809 / 1.leicht. Rgt.

Kühn, Just Heinr. G. v. / Capt. 07.09.1809 / Rgt. Polenz

Langenau, Friedrich Carl Gustav v. / Gen.maj. 28.07.1812 / Sous-Chef des kgl. Generalstabes

Lessing, Heinr. Aug. / Oberst 03.07.1810/ Rgt. Albrecht

Liebeskind, Daniel Heinr. / Pltn. 20.11.1811 und Brigadeadjutant / Husaren Rgt.

Lindemann, Wilhelm Ferd. Fhr. v. / Rtm. 10.08.1811 / Husaren

Lindenau, Adam Friedr. Aug. v. / Oberst 24.01.1813 / Husaren

Mellentin, Alex. Ferd. v. / Oberst, 20.02.1810 / Rgt. Clemens

Mörner, Ernst Carl Ludw. v. / OSL 28.07.1812 / Rgt. Albrecht

Naundorff, Phil. Aug.v. / Rtm. 22.02.1813 / Husaren Rgt.

Nehrhoff, Erasmus Heinr. v. / OSL 11.12.1812 / Rgt. Zastrow

Nix, Johann Friedr. / Sltn. 15.04.1810 / 1.leicht. Rgt.

Nostitz, Carl Friedr. Ernst v. / Gen.maj. 21.02.1810

Polenz, Jacob Friedr. Wilh. v. / OSL ? / Rgt. Low

Reichard, Ernst / Sltn. 22.07.1810 / Husaren Rgt.

Rouvroy, Carl Heinrich / Capt. 05.12.1810 / Artillerie

Schlegel, Wolf Ludw. v. / Capt. 27.01.1809 / 1.leicht. Rgt.

Schneider, Carl Aug. / Capt. 08.10.1809 / 1.leicht. Rgt.

Seydewitz, Hanns August v. / OSL 30.06.1812 / 2.leicht. Rgt.

Sichart, Gustav Ferd. v. / Pltn. 04.03.1813 / 1.leicht. Rgt.

Staff, Aug. Friedr. Wilh.v. / Pltn. 04.10.1809; Adjutant / 1.leicht. Rgt.

Tettenborn, Bernh. Carl v. / Pltn. 17.02.1807 / Rgt. Polenz

Thielmann, Joh. Adolph Fhr. v. / Gen.ltn. 26.02.1812

Thümmel, Wilh. Aug. v. / Major, 17.03.1810 / Husaren Rgt.

Tietz und Hennig, Wilh. Ferd. J. v. / Rtm. 03.10.1810 / Rgt. Garde du Corps

Trosky, Ge. Fr. Ludw. Ghelf v. / Major, 14.11.1812 / Rgt. König

Watzdorf, Carl Anton Jacob v. / Major, 25.08.1812 / Adjoint im Generalstab

Wurmb, Friedr. Leopold v. / Major 01.10.1807 / Rgt. Anton

Zacha, Ferdinand v. / Sltn., 21.06.1810 / Husaren Rgt.

Ziegler und Klipphausen, Adolf Glob. Ehrenr. v. / OSL 25.01.1813 / Rgt. Albrecht

In dieser Reihe sind an Memoiren, Berichten etc. zum Feldzug von 1812 bei BOD erschienen:

No.19 1812 – Die Sachsen in Russland / Der Feldzug des VII. Armee-Korps in den Tagesbefehlen des Generalstabes und der Intendanz

No.21 Das Tagebuch von Ernst Ferdinand Aster 1812

No.22 Das Tagebuch von Friedrich Ernst Aster 1812

No.37 Die Tagebücher von Johann Carl von Dallwitz (1812 – 1815) und Adolf George von Göphardt (1813)

No.40 Friedrich Vollborn – Erlebtes (I+II) vom 16.04.1808 bis mit 27.03.1813

No.42 Die sächs. Chevauxlegers-Regimenter (I) – Schriftstücke zum Feldzug 1812

No.43 August Friedrich Wilhelm von Leysser - Das Tagebuch des Kommandeurs der Garde du Corps 1812

No.45 Carl Ferdinand Böhme Tagebuch 21.06. – 09.11.1812

No.46 Carl Ferdinand Böhme Tagebuch 10.11.1812 – 11.05.1813

No.57 Journale, Tagebücher, Befehle (I): Johann Adolph von Zezschwitz 17.07. – 27.07.1812 / Heinrich Christian von Klengel 30.07.1812 - 28.02.1813

No.58 Carl August Becker: Tagebuch 28.03.1812 - 21.09.1812

No.59 Heinrich Carl Ferdinand Friedrich von Hausen: Tagebuch und Briefe 01.01.1812 – 02.02.1814

No.60 Journale, Tagebücher, Befehle (II): Journale und Rapporte 01.01. - 09.03.1813